E Wilisch

Geschichte Korinths von den Perserkriegen bis zum dreissigjährigen Frieden

E Wilisch

Geschichte Korinths von den Perserkriegen bis zum dreissigjährigen Frieden

ISBN/EAN: 9783743660342

Hergestellt in Europa, USA, Kanada, Australien, Japan

Cover: Foto ©ninafisch / pixelio.de

Weitere Bücher finden Sie auf **www.hansebooks.com**

Jahresbericht

des

Gymnasiums zu Zittau

über das

Schuljahr 1895—1896

erstattet von dem Rektor Professor Dr. Seeliger.

Zugleich als

Einladungsschrift

zur Abiturientenentlassung am 18. März,
zu den Klassenprüfungen am 24. März,
zu der Kretzschmarschen Gedächtnisrede und Prämienverteilung am 26. März.

Voraus geht eine Abhandlung des Professors Dr. Wilisch: **Geschichte Korinths von den Perserkriegen bis zum dreissigjährigen Frieden.**

Zittau.
Druck von Richard Menzel.
1896.

1896. Progr. Nr. 557.

Geschichte Korinths
von den Perserkriegen bis zum dreissigjährigen Frieden.
Von Professor Dr. Erich Wilisch.

I. Korinth während der Perserkriege.

Nachdem in den letzten Jahrzehnten die Perserkriege und die Quellen, aus denen wir Kunde von ihnen schöpfen, vielfach Gegenstand kritischer Prüfung und erneuter Darstellung geworden sind,[1] wobei naturgemäss die beiden Hauptmächte Athen und Sparta in den Vordergrund treten, soll hier der Anteil Korinths an jenen ruhmreichen Kämpfen im Zusammenhang geschildert werden. Die Berechtigung, die Leistung dieses einzelnen Staates aus dem Gesamtbilde auszuscheiden und monographisch zu behandeln, liegt einerseits in der hervorragenden Stellung Korinths, dem nächst den beiden Grossmächten unbestritten der erste Platz und dadurch gewissermassen die Vertretung der dritten an den Freiheitskämpfen beteiligten Gruppe, der Kleinstaaten, zufiel;[2] andernteils haben die Perserkriege, indem sie Athen rasch zu Glanz und Macht emporführten, indirekt die Entwickelung Korinths stark geschädigt, so dass auch aus diesem Gesichtspunkt die Frage nicht unberechtigt erscheint, welchen Anteil die Stadt selbst an ihrer für ihre fernere Geschichte so bedeutungsvollen Ereignissen genommen hat. Die Hauptquelle für die anzustellende Untersuchung ist Herodot, der über die Kriegsstärke der Korinther in den einzelnen Schlachten Angaben macht, auch die allgemeine Tendenz der im Kriegsrat von ihnen empfohlenen Politik richtig angiebt, in den Einzelheiten aber einer den Korinthern wenig günstigen, übrigens vom Schriftsteller selbst nicht überall geglaubten Tradition folgt, die ihren Ursprung offenbar in Athen hatte.[3] Die Verleumdung der Korinther und besonders ihres Führers bei Artemision und Salamis hat dem Plutarch in der Schrift „Über die Böswilligkeit Herodots"[4] zu einer längeren Polemik gerade gegen diesen

---

1. K. W. Nitzsch, über Herodots Quellen für die Geschichte der Perserkriege. Rhein. Mus. N. F. 27 (1872), 226. N. Wecklein, über die Tradition der Perserkriege. Sitzungsber. der k. bayrischen Akademie der Wissenschaften 1876, 239. Themistokles und die Seeschlacht bei Salamis 1892, I. G. Busolt, die Lakedaimonier und ihre Bundesgenossen (1878) S. 340 flg. und Griech. Geschichte[2] (1895) II, 557 flg. H. Delbrück, die Perserkriege und die Burgunderkriege. Berlin 1887. E. Welzhofer, zur Geschichte der Perserkriege. Fleckeis. Jahrb. 1891 S. 145; 1892 S. 145, 657, 729. Histor. Taschenbuch VI, 11, 70. 12, 44 (1892). J. Beloch, griech. Gesch. I, 342. A. Hauvette, Hérodote, historien des guerres Médiques. Paris 1894. — 2. Plut. Aristid. 20: ἐν δὲ ἐξαίρετον μερίσται μετά τὴν Σπάρτην καί τάς Ἀθήνας ἡ Κόρινθος. Deshalb war auch der Name der Korinther auf dem plataiischen Weihgeschenke an dritter Stelle eingegraben. Pausan. V, 23, 1. Vergl. Anmerk. 98. Bei Plut. Themist. 20 ist unter den μεγίστων ἀνδρῶν ἢ τρισί wilden, von denen nach Themistokles' Meinung die Griechen abhängig werden würden, neben Sparta und Athen jedenfalls Korinth mitverstanden. — 3. Die Korinther werden bei Herodot ausdrücklich genannt VII, 202; VIII, 1, 5, 21, 43, 59, 61, 72, 94; IX, 28, 31, 69, 92, 102, 105. Auf ihn beziehen sich im Folgenden die Citate ohne den Namen des Schriftstellers. — 4. Diese Schrift, von einigen wie K. A. Häbler (quaestiones Plutarcheae duae. Leipzig 1873) angezweifelt, gilt jetzt überwiegend für echt. Vergl. Lahmeyer, de libelli Plutarchei qui de malignitate Herodoti inscribitur et auctoritate et auctore. Gött. 1848. Fuhr, Rhein. Mus. 1878, 591. A. Bauer, Themistokles 26 Anm. 1, 112 Anm. 1. Busolt, griech. Gesch. II, 616. Töpffer, Rhein. Mus. 1894, 245 Anm. 2. Holzapfel, Philologus 42, 23 flg. Auch Volkmann, Leben, Schriften und Philosophie des Plutarch von Chäronea S. 115, und Christ, Gesch. der griech. Litt.[2] § 434, erklären sich für die Echtheit, die auch durch das Fehlen des Hiatus und den seltenen Gebrauch von τε καί, die gewöhnlichen Merkmale plutarchischer Ausdrucksweise, empfohlen wird. Noch weitere Litteratur bei Busolt, griech. Gesch. II, 100 Anm 6 u. 7. Die letzte ausführliche Beurteilung der Schrift bei Hauvette a. a. O. 98 mit dem Nachweise, warum Plutarch von seinem Standpunkte aus den Herodot nicht gerecht werden konnte. Nichts ist mit

Teil des herodoteischen Geschichtswerks Stoff geliefert; dieser „Rettung" der Korinther verdanken wir einige Gesichtspunkte, besonders aber die Erhaltung mehrerer Epigramme, welche als Beweis gegen die Richtigkeit der späteren athenischen Tradition dienen können. Plutarch führt in der Lebensbeschreibung des Aristeides zweimal einen Korinther Kleokritos redend ein,[5] der sonst unbekannt ist, ein Beweis, dass der Schriftsteller hier einer anderen Quelle folgte. In der Biographie des Themistokles wird zwar das Verhältnis von Themistokles zu Korinth und sein Auftreten am Isthmos erwähnt,[6] sonst aber der Name der Korinther an Stellen, wo man ihn erwarten könnte, vermieden. Diodor, dem jetzt ziemlich allgemein eine selbständige Bedeutung als Quelle für die Perserkriege abgesprochen wird, nennt sie einmal, wo er von der Verfolgung des Artabazos durch die Griechen nach der Schlacht bei Plataiai erzählt.[7] Einzelne in diesem Zusammenhang gehörige Notizen über die Korinther finden sich noch bei Pindar mit seinen Scholiasten, in den Fragmenten des Theopomp und des Timaios, sowie in einer unter Dio Chrysostomos' Namen gehenden Rede.[8]

Alle diese Stellen nennen die Korinther ausdrücklich; auf sie bezogen werden müssen aber auch viele solche, an denen nur die Bundesgenossen im allgemeinen erwähnt werden. Das Synedrion der verbündeten Griechen hat insofern besondere Bedeutung für Korinth, weil dieser permanente Kriegsrat meist auf dem Isthmos im Poseidonion, also auf korinthischem Grund und Boden, seinen Sitz hatte.[9] Die Folge davon war, dass Stadt und Landschaft, ohne selbst Kriegsschauplatz zu sein, als Sammelplatz der Kontingente, Zielpunkt von Gesandtschaften, Aufbewahrungsort der Gefangenen, Richtstätte der Verräter stärker vom Kriege berührt wurde als andere Teile des Peloponnes.

Urkundliches Material endlich bieten in ihren Aufschriften die panhellenischen Weihgeschenke für den Sieg bei Plataiai, nämlich die noch in Konstantinopel vorhandene, aus drei spiralförmig sich windenden Schlangen gebildete eherne Säule in Delphi mit den Namen der Eidgenossen auf den unteren Windungen,[10] und die für die Altis in Olympia bestimmte, zehn Ellen hohe eherne Bildsäule des Zeus, deren Basis eine von Pausanias uns erhaltene Inschrift trug.[11] Dazu kommen noch

---

wahrer Geschichtschreibung weniger vereinbar als die Tendenz, in der Geschichte seines eigenen Volkes lauter Licht sehen zu wollen. Mag die Darstellung, die Herodot auf Grund einer oft anfechtbaren Tradition in redlichem Streben nach Gerechtigkeit von den Perserkriegen gegeben hat, auch in vielen Einzelheiten unseren Zweifel wecken, ein richtigeres Gesamtbild verdanken wir ihm doch als es ein Mann mit den Gesichtspunkten Plutarchs in seinem kritiklosen Verherrlichungseifer an Herodots Stelle entworfen haben würde. — 5. Kap. 8 und 20. — 6. Kap. 5. 24. 21. — 7 Diod. 11, 32. Er gab fast nur einen Auszug aus Ephoros, der seinerseits in der Hauptsache des Herodot frei bearbeitete. S. zuletzt C. Wachsmuth, Einleit. in d. Stud. d. alt. Gesch. 101 und 494. — 8. Pind. Ol. 13, 23. Athen. 13, 573 D [Dio Chrys.] or. 37, 525 (nach Volkmann a. a. O. 199 vielleicht von Favorinus). — 9. Über ihn K. O. Müller in den Proleg. zu einer wissenschaftlichen Mythologie S. 406—412 (Gesch. des hellenischen Synedrions während der Perserkriege). Müller lässt das Synedrion auf dem Isthmos von Ende 481 bis in das Spätjahr 480 tagen. Busolt, Lakedaimonier 386 fig. 408, nimmt ein doppeltes S. an, das der Probulen, gleichsam eine konstituierende Versammlung vor dem Beginn des eigentlichen Krieges, und das der Strategen, das nach Anm. 125 und 126 aus den Feldherren der einzelnen Kontingente bestand und, wenn die Flotte oder das Landheer den Isthmos verliess, nicht mehr auf dem Isthmos, sondern im Lager seinen Sitz hatte. — Herodot hat keinen bestimmten Namen für diesen Kriegsrat; denn σύνεδρον ἄ, 56, 75, bedeutet die einzelne Sitzung. Diodor nennt den ersten Kriegsrat der Probulen ᾗ κοινῇ σύνοδος τῶν Ἑλλήνων ἐν Κορίνθῳ (11, 1) oder οἱ ἐν Ἰσθμῷ συνεδρεύοντες τῶν Ἑλλήνων (3) oder οἱ σύνεδροι τῶν Ἑλλήνων (4). Mit diesem letzten Ausdruck aber bezeichnet er auch z. B. Kap. 16 den späteren Rat der Feldherren. Bei Polybios 12, 26b heissen sie οἱ προκαθήμενοι ἐν Κορίνθῳ τῶν Ἑλλήνων. — 10. O. Frick, das platäische Weihgeschenk in Konstantinopel. Fleckeis Jahrb. Supplementband 111, 539. F. Fabricius im Jahrb. d. archäol. Instit. 1886, S. 176. Herod. IX, »1: ὁ τρίπους ὁ χρύσεος ὁ ἐπὶ τοῦ τριαρμένου ὄφιος τοῦ χαλκοῦ. Paus. X. 13, 9: χρυσοῦς τρίπους ὑψίσκων ἐπικείμενος χαλκῷ. Abgebildet auch bei Stein zu Herodot und im Klassischen Bilderbuch von R Oehler S 46 nach P. Gräf. Die ersten Bearbeiter des Denkmals liessen die Füsse des Dreifusses auf den drei (verlorenen) Schlangenköpfen stehen und lasen ergänzend die undeutlich gewordenen Züge der Überschrift Ἀχιλλεως θεῷ ἀνέθεσαν ἀνεθέτην ἀπὸ Μήδων; nach den Neueren ruhte der Kessel auf dem oberen Ende der Säule und wurde ausserdem von den drei bis auf die Basis herabgehenden Füssen getragen, zwischen denen oben die drei Schlangenköpfe frei herausblickten (Strack-Gräf); die Überschrift aber ist zu lesen: τοίδε τὸν πόλεμον ἐπολέμεον (Fabricius). — 11. Paus. V, 23, 1.

die Grabsteine speziell der Korinther auf Salamis, um Isthmos und in Korinth, deren Inschriften bei Plutarch vorliegen.[12]

Zu der Zeit als die Persergefahr zum ersten Male Griechenland nahte (492), gehörte Korinth seit ungefähr zwei Menschenaltern dem peloponnesischen Bund unter Spartas Führung an. Es hatte während dieses Zeitraumes zweimal Gelegenheit gehabt an auswärtigen Kriegen des Vorortes teilzunehmen. Im Jahre 524 hatten die Korinther bereitwillig mitgewirkt, den Feldzug der Lakedaimonier gegen Polykrates von Samos zu Stande zu bringen, weil sie dadurch einen lästigen Nebenbuhler zu demütigen hofften: diese Erwartung erfüllte sich jedoch nicht; denn das Unternehmen schlug fehl.[13] Es ist schwerlich richtig, diesem Kampfe den Charakter einer Bundesangelegenheit beizulegen; die beiden Staaten hatten sich wahrscheinlich durch ein Separatbündnis zu dem Feldzuge vereinigt, wobei die Korinther das grössere Interesse gehabt haben mögen, weil sie als Seemacht durch die glänzende Entwickelung von Samos natürlich mehr litten als Sparta.[14]

Anders lag die Sache, als im Jahre 506 die Lakedaimonier ihre Bundesgenossen aufgeboten hatten, um den Athenern den Isagoras als Herrscher aufzudrängen. Damals zogen die Korinther mit als Mitglieder der Symmachie, verliessen aber vor der Schlacht das Lager bei Eleusis. Ihr Abzug rief, wie man bei Herodot zwischen den Zeilen liest, eine heftige Scene zwischen den beiden spartanischen Königen hervor; unter Vorwürfen entfernte sich Damaratos, und nun zerstreuten sich auch die Kontingente der übrigen Bundesgenossen, so dass Kleomenes den Rest des Heeres zurückführen musste.[15]

Der Hergang zeigt, welche unabhängige und massgebende Stellung Korinth innerhalb des peloponnesischen Bundes einnahm. Aber auch nach aussen stand es in Ansehen; als Hippokrates von Gela seine Herrschaft über die ganze Ostküste von Sizilien ausdehnte, vermittelten um 493 die Korinther mit den Kerkyraiern zu Gunsten ihrer Pflanzstadt Syrakus, die bereits am Eloros besiegt war, und retteten ihr die Selbständigkeit.[16] Ebenso waren sie in dem Streite zwischen Athenern und Thebanern über Plataiai als Schiedsrichter aufgetreten, ohne freilich ihrer Entscheidung eine dauernde Geltung sichern zu können.[17]

Das Verhältnis der Korinther zu den Nachbarstaaten war, soweit wir es in der damaligen Zeit kontrollieren können, ein freundliches. In Sikyon wurde ganz am Ende des 6. Jahrhunderts, wohl unter spartanischer Mitwirkung, eine Verfassung eingeführt, welche den dorischen Phylen ihre frühere Bedeutung wiedergab und der noch 60 Jahre über das Ende der dortigen Tyrannis hinaus bestehenden Vorherrschaft des achaiischen Volkselements ein Ende machte. Diese neue Verfassung gemässigt aristokratischen Charakters war somit der ähnlich, welche nach dem Sturze der Kypseliden im Jahre 581 in Korinth zwischen dem dorischen Adel und dem Bürgertum vereinbart worden war, und es kann diese Übereinstimmung der inneren Einrichtungen auf die gegenseitigen Beziehungen der beiden Staaten wohl nur einen günstigen Einfluss gehabt haben. Geradezu befremdet waren die Korinther mit den Athenern. Dies zeigte sich in dem bereits erwähnten Feldzuge des peloponnesischen Bundes gegen Athen[18] und ebenso einige Jahre später bei einem zweiten Versuche der Spartaner, die Entwickelung der neubegründeten athenischen Demokratie durch Zurückführung des Hippias zu hindern. Damals trat

Das Verzeichnis des Pausanias enthält ziemlich dieselben Staaten, aber zum Teil in anderer Reihenfolge. Die Korinther nehmen auf der Säule wie im Verzeichnis des Pausanias den dritten Platz ein, von ihren Abkömmlingen aber, den Ἡρακλειῶται, Λευκάδιοι, Ἀνακτόριοι und Ἀμπρακιῶται (Nr. 25, 26, 27, 30) fehlen bei Pausanias die Leukadier ganz, und die Potidaiaten, Anaktorier und Ambrakioten stehen an 25., 26. und 18. Stelle. Dass die Namensverzeichnisse nicht völlig übereinstimmen, erklärt sich nach A. Bauer, Wiener Studien 1887, S. 228 flg., daraus, dass für die Aufnahme der einzelnen Staaten in die Listen nicht ihr Anteil am Kampfe, sondern ihr Beitrag zu den Kosten der Denkmäler massgebend war. Eine andere Begründung bei Beloch, die Bevölkerung der griech.-röm. Welt S. 9. — 12. de Herod. mal. 39. 42. Simonides fragm. 84. 9d—99. 131 (Bergk. p. 14). — 13. 3, 48. — 14. Busolt Lakedaim. 265. 278. — 15. 5, 74. 75. — 16. 7, 154. Ohne Erwähnung der Korinther Thuk. 6, 5, 3. A. Holm, Gesch. Siziliens im Altert. I, 201. — 17. 6, 108. Über die Zeit Busolt II, 399, 4.

in der Bundesgenossenversammlung zu Sparta der Korinther Sokles auf und hielt eine frei von Herodot nachkomponierte Rede, der wir nicht nur eine freilich einseitige Geschichte der korinthischen Tyrannis verdanken, sondern auch für die vorliegende Frage die Abneigung der Korinther, gegen Athen zu Felde zu ziehen, entnehmen können. Das Vorgehen des Sokles war auch dieses Mal für die kleineren Bundesstaaten massgebend, und Sparta musste seine Absicht aufgeben.[18] — Gründe für diese Freundschaft zwischen dem dorischen, in spartanischer Machtsphäre gelegenen, aristokratisch regierten Korinth und dem ionischen, demokratischen Athen lassen sich mehrere finden. Korinth konnte eine Ausdehnung der spartanischen Vorherrschaft über den Isthmos nicht wünschen, weil dadurch naturgemäss die Macht des Vorortes verstärkt, die Freiheit der Bundesglieder beschränkt worden wäre. Das selbständig aufstrebende Athen erschien damals noch als ein gutes Gegengewicht gegen ein übermächtiges Sparta. Ein besonders festes Band aber zwischen den beiden Staaten war ihr gemeinsamer Hass gegen Aigina, mit dem Athen seit 506 in offenem Kampfe lag, Korinth aber schon von langer Zeit her gespannt war. Die nur etwa 100 Quadratkilometer grosse Insel mit ihrem alten Handel und ihrer vielseitigen Industrie, mit ihrer starken Flotte und dichten Bevölkerung machte den Korinthern eine gefährliche Konkurrenz auf den griechischen und überseeischen Märkten, umsomehr als beide Städte ziemlich dasselbe fabrizierten und zum Verkauf brachten, nämlich Thonzeug, Metallwaren und Salben. Eine Demütigung der Aigineten musste also den Korinthern erwünscht sein, selbst um den Preis dass Athens Macht durch den Sieg sich vergrösserte; denn das ahnten sie trotz der Prophezeiung des Hippias[19] damals noch nicht, dass ihnen in den Athenern bald weit gefährlichere Nebenbuhler erstehen würden. Es ist deshalb anzunehmen, dass Korinth vom Beginn dieses Krieges an, der bald auch die umliegenden Staaten in seine Kreise zog, auf Seiten Athens stand; das was Herodot[20] über eine thatsächliche Unterstützung Athens durch die Korinther berichtet, gehört erst in die Zeit nach der Schlacht bei Marathon und ist deshalb später zu erwähnen. — Argos stand in diesem Kriege auf Seiten Aiginas, anfangs offen, nach Wiederaufnahme des Kampfes aber wenigstens insoweit, dass es Freiwilligen gestattete, den Aigineten zu Hilfe zu kommen.[21] Trotzdem wird das Verhältnis zwischen Korinth und Argos schwerlich ein gespanntes gewesen sein. Argos war durch den Angriff des spartanischen Königs Kleomenes und die furchtbare Niederlage am Haine Argos gerade damals geschwächt und einzig darauf bedacht, sich zu sammeln und seine eigene Unbhängigkeit zu behaupten: es konnte daher nicht wie früher und später wieder den Nachbarn lästig werden durch den Anspruch auf eine Art Hegemonie im nördlichen Peloponnes. Auch gab Korinth seinerseits keinen Anlass zu Beschwerden; als König Kleomenes zur Überfahrt nach Argolis Schiffe bedurfte, liess er sie aus Aigina und Sikyon kommen; näher als das letztere wenigstens hätte Korinth mit seinem Hafen Kenchreai am saronischen Meerbusen gelegen; aber Kleomenes versuchte es wohl gar nicht die Korinther, mit denen er bereits schlechte Erfahrungen in Eleusis gemacht hatte, zu irgend einer feindseligen Handlung gegen den Nachbarstaat zu veranlassen; oder wenn er es versuchte, so erhielt er eine abschlägige Antwort; denn eine vollständige Unterjochung der Argiver durch Sparta lag durchaus nicht im Interesse Korinths.

Wenig freundlich waren zu allen Zeiten die Beziehungen von Korinth zu seiner Kolonie Kerkyra. Doch befanden sie sich nicht im Kriegszustande gegeneinander, suchten vielmehr Streitpunkte durch schiedsrichterliche Entscheidung zu erledigen; so schlichtete Themistokles einen

---

18. 5, 92. v. Wilamowitz, Kydathen 115. J. Beloch, griech. Gesch. I, 311 hält die zweimalige Aktion der Korinther für eine historische Dittographie und zieht die beiden Fälle in einen zusammen. Derartige Reduplikationen kommen allerdings vor, doch ist es an sich auch nicht unglaubhaft, dass die Korinther eine bestimmte politische Meinung zu wiederholten Malen durch Wort und That zum Ausdruck gebracht haben. — 19. 5, 93. Vergl aber diese Verhältnisse auch L. Punt, de auctoritate qua in Peloponnesiorum societate Corinthii valuerunt (Lugd. Bat. 1498) p. 29 sq. — 20. 6, 89. Thuk. I, 41, 2. Über die Zeit dieses Ereignisses Busolt Lakel. 343. — 21. 6, 92.

Streit zwischen den beiden Staaten über Leukas in der Weise, dass er die Insel zum gemeinsamen Besitz erklärte und den Korinthern eine Busse von zwanzig Talenten auferlegte.²² Dass diese sich dem Spruche fügten, geht daraus hervor, dass Themistokles später Anspruch auf Dank von den Kerkyraiern zu haben meinte. Des gemeinsamen diplomatischen Einschreitens von Korinth und Kerkyra zur Rettung des bedrohten Syrakus ist schon oben gedacht worden.¹⁶ — Mit den Megarern lebten die Korinther von alters her vielfach in Grenzstreitigkeiten; es handelte sich dabei wohl um die Weidetriften des Gebirgslandes nördlich vom Isthmos; dass auch damals ein gespanntes Verhältnis zwischen den beiden Staaten herrschte, scheint eine Stelle des Plutarch²³ zu beweisen; im offenen Kriegszustande aber befanden sie sich wohl nicht. —

Das waren etwa die Verhältnisse, unter denen Korinth in die Perserkriege eintrat. An dem Schicksal des ersten Zuges unter Mardonios (492) hatte die Stadt insofern ein lebhaftes Interesse, als ihre Kolonie Potidaia auf der Landenge von Pallene, welche in einem engeren Verhältnis zur Metropolis geblieben war und sogar alljährlich korinthische Beamte empfing,²⁴ unmittelbar bedroht war. Die Tapferkeit der Brygen in Makedonien und der Sturm am Athos ersparte den Potidaiaten für damals wenigstens eine persische Invasion und machte der Sorge der Korinther ein Ende.

Im nächsten Sommer kamen persische Gesandte mit der Forderung von Erde und Wasser in die Staaten Griechenlands,²⁵ wir dürfen annehmen auch nach Korinth. Es waren wohl nicht die ersten Perser, die man hier sah; denn die Kundschafter, welche früher von Susa aus mit dem griechischen Arzt Demokedes ausgesandt worden waren, um die Küsten Griechenlands in Augenschein zu nehmen,²⁶ müssten ihren Auftrag sehr mangelhaft ausgeführt haben, wenn sie nicht auch den Isthmos und Kenchreai, den Haupthafen für den Verkehr mit Asien, aufgesucht hätten. Herodot sagt ja auch, dass sie erst nach Besichtigung des meisten Sehenswerten nach Italien weitergefahren wären. Sie werden also gewiss Korinth mit aufgesucht haben, wo bei den alten Verbindungen mit dem Orient das Erscheinen phoinikischer Schiffe gar nicht auffällig sein konnte. Der Name der Stadt musste, wenn wirklich am Hofe von Susa ein so lebhaftes Interesse für die Griechen herrschte, wie Herodot an mehreren Stellen berichtet,²⁷ in der Umgebung des Grosskönigs schon deshalb bekannt genug sein, weil im delphischen Schatzhaus der Korinther die Weihgeschenke mehr als eines asiatischen Herrschers ihren Platz gefunden hatten;²⁸ in diesem Sinne lässt auch Herodot die Atossa den Wunsch aussprechen von korinthischen Sklavinnen bedient zu werden.²⁹

Dass die Gesandten, welche im Sommer 491 für den Grosskönig Erde und Wasser forderten, in Korinth abgewiesen wurden, geht aus dem Schweigen der Schriftsteller zur Genüge hervor. Die medische Gesinnung eines so bedeutenden Staates würde in der Litteratur nicht unerwähnt geblieben sein; die Athener hätten solche Handlungsweise gewiss später den Korinthern vorgeworfen, und Herodot würde den Vaterlandsverrat mit besserem Rechte aufgezeichnet haben als die angebliche Flucht der Korinther bei Salamis. Diese gehörten also nicht zu den „vielen Festlandsbewohnern", welche sich unterwarfen, hatten aber freilich auch keine Gelegenheit für ihren Entschluss mit den Waffen einzutreten. Wohl hätte den Athenern der Gedanke kommen können, den nächsten grösseren Staat, mit dem sie noch dazu damals befreundet waren, um Hilfe zu bitten; es ist dies aber schwerlich geschehen; man setzte mit Recht bei den Korinthern wenig Bereitwilligkeit voraus, ausserhalb ihrer Grenzen, zumal zu Lande zu kämpfen, erwartete auch keine Hilfe vom peloponnesischen Bunde, dessen schwerfällige Organisation bekannt war, sondern nur von Sparta, mit dem

22. Plut. Them. 24. M. Mohr, die Quellen des plutarchischen und nepotischen Themistokles S. 17. — 23. de Her. mal. 35. — 24. Thuk. I, 56, 2. — 25. 6, 48. — 26. 3, 135 flg. — 27. So soll selbst der Ringer Milo aus Kroton in der Umgebung des Dareios eine vielgenannte Persönlichkeit gewesen sein. 3, 137. — 28. Die des Gyges (1, 14), des Kroisos (1, 50), des Euelthon vom kyprischen Salamis (4, 162). — 29. 3, 134.

jedenfalls schon vorher für den Fall unmittelbarer Bedrohung Attikas Verabredungen getroffen worden waren. So flog der Schnellläufer Philippides[30] durch das Gebiet der Korinther wie durch die anderen Kantone um Sparta zu benachrichtigen, dass der *casus foederis* eingetreten wäre. Die Hilfe wurde geleistet, traf aber bekanntlich erst ein als sich Athen bereits selbst geholfen hatte.

Obwohl die Quellen kein Wort über die damaligen Zustände in Korinth sagen, so ist es doch selbstverständlich, dass das Herannahen der persischen Flotte die Gemüter dort in Spannung versetzte. Fiel Athen wie Eretria, so begnügten sich die Perser schwerlich mit diesen Erfolgen; eine Landung am Isthmos, ein Erscheinen vor Kenchreai war das Nächstliegende; die Aigineten, welche dem König Erde und Wasser gegeben hatten, waren dann die Herren der Situation; sie würden nicht verfehlt haben die Macht der Perser zunächst gegen das ihnen feindliche, mit Athen befreundete Korinth in Bewegung zu setzen; jedenfalls wäre die Stadt schweren Zeiten entgegengegangen. Die Nachricht vom Rückzug der feindlichen Flotte befreite die Gemüter von diesem Druck; von der Waffenthat der Athener und Plataier werden die heimkehrenden 2000 Lakedaimonier, welche das Schlachtfeld von Marathon gesehen hatten, die erste sichere Kunde nach Korinth gebracht haben. — Einige Jahre nach diesen Ereignissen brach der Krieg zwischen Athen und Aigina von neuem aus.[31] Um ihre nach Athen abgeführten Geiseln wiederzubekommen, überfielen die Aigineten ein athenisches Festschiff und verschafften sich in den Gefangenen Kompensationsobjekte. Doch scheint ein Austausch nicht stattgefunden zu haben. Die Athener knüpften mit der demokratischen Partei in Aigina geheime Verbindungen an und planten einen Überfall der Insel, wo sich gleichzeitig ihre Freunde erheben sollten. Ihre Flotte aber war damals noch so unbedeutend, dass sie, um den Aigineten gewachsen zu sein, die Korinther baten, ihnen unbemannte Schiffe zu leihen. Diese waren bereit dazu und bestimmten, weil sie sich durch ein Gesetz gebunden hatten solchen Liebesdienst nicht umsonst zu erweisen, als täglichen Mietzins für jedes Schiff 5 Drachmen. Die Summe ist auch für damalige Verhältnisse auffallend niedrig; sie beweist, wie gern die Korinther den Athenern halfen; denn im Grunde liehen sie die Schiffe doch umsonst. Aber indem die Unterstützung in die Form eines Geschäftes gekleidet wurde, suchte man ihr den politischen Charakter zu nehmen und Deckung gegen etwaige Vorwürfe von seiten der Aigineten zu gewinnen; denn diese konnten sich, weil ebenfalls der peloponnesischen Symmachie angehörig, über bundeswidrige Haltung Korinths beklagen.

Die 20 geliehenen Schiffe wurden in Athen bemannt und mit 50 attischen gegen Aigina gesendet, nahmen auch an den weiteren Wechselfällen des Krieges Anteil. Die Athener kamen einen Tag zu spät an, um sich, vom Volksführer Nikodromos unterstützt, durch einen Handstreich der Insel zu bemächtigen, und lieferten dann den Aigineten erst eine siegreiche, dann eine unglückliche Seeschlacht. Die weiteren Ereignisse des noch fortdauernden Krieges sind nicht bekannt. Sein Ende fand er erst, als die Hellenen durch das Herannahen des Xerxes gezwungen wurden ihre inneren Fehden ruhen zu lassen und sich zu gemeinsamer Abwehr zu vereinigen.[32]

Die erste Kunde von dem bevorstehenden Feldzuge des Grosskönigs gegen Griechenland gelangte, wie Herodot berichtet, von Sparta aus nach dem übrigen Hellas. Die Schreibtafel des verbannten Königs Damaratos, auf deren Grunde, von Wachs bedeckt, die Nachricht geschrieben stand, wurde durch die Spartaner von Stadt zu Stadt geschickt[33] und ging also auch durch die Hände der korinthischen Staatsmänner. Sollte diese Erzählung aber weniger glaubwürdig erscheinen, so kam doch sicher durch kleinasiatische Seeleute Kunde von den gewaltigen Rüstungen in Sardes nach den griechischen Häfen. Bald erschienen auch Boten des Königs in allen Staaten ausser

---

30. 6, 105. Busolt II, 579. — **31.** 6, 87—93 Obwohl Herodot diese Vorgänge vor der Schlacht bei Marathon erzählt, so werden sie doch von den Neueren ganz allgemein später gesetzt; vergl. die Übersicht bei Busolt II, 644, 3. — **32.** 7, 145. — **33.** 7, 239.

Sparta und Athen, um Erde und Wasser zu fordern; die Korinther gehörten zu denjenigen, welche dieses Verlangen zurückwiesen; Xerxes stand bereits in Pierien, als seine Abgesandten diese Antwort zurückbrachten.[34]

Unterdessen hatten sich noch im Herbste 481 Abgesandte der zum Widerstande entschlossenen Staaten auf dem Isthmos versammelt. Man beschloss alle inneren Fehden beizulegen; Athen und Aigina, die noch immer im Kriegszustande sich befanden, vertrugen sich samt ihren etwaigen Bundesgenossen. Nach Argos, Kerkyra, Syrakus und Kreta sollten Gesandte geschickt werden,'um diese Staaten zur Teilnahme an dem bevorstehenden Kampfe einzuladen.[32] Wenigstens für Syrakus und Kerkyra als Kolonien von Korinth darf man voraussetzen, dass auch Bürger der Mutterstadt der Gesandtschaft angehörten.

Auch sonst ist trotz des Schweigens der Schriftsteller der Einfluss der Korinther bei diesem ersten Synedrion, über dessen Beschlüsse wir leider ziemlich mangelhaft unterrichtet sind, sicher als nicht unbedeutend zu veranschlagen. Auf ihrem Grund und Boden fanden die Beratungen statt; sie konnten dem Bunde den Beitritt einer Anzahl von Pflanzstädten in Aussicht stellen, welche damals wohl kaum vertreten waren, aber später rühmlich am Kampfe Anteil nahmen: Ambrakia, Anaktorion, Leukas; sie erscheinen auch später als die Wortführer der Bundesgenossen. Darum werden sie es auch gewesen sein, die dem Anspruch der Athener auf die Führung zur See von vorn herein energisch entgegentraten und nur einem Spartaner folgen zu wollen erklärten.[33] Wenn das zur See machtlose Sparta den Admiral stellte, musste den Korinthern, welche nur von den Aigineten an Schiffszahl ein weniges übertroffen wurden, dafür aber bereits auf frühere Waffenbrüderschaft mit Sparta bei einem Seezug hinweisen konnten, von selbst eine entscheidende Stellung zufallen; ein athenischer Admiral dagegen an der Spitze von 200 attischen Schiffen brauchte weit weniger Rücksicht auf die vielfach kleineren Kontingente der peloponnesischen Staaten zu nehmen. Der Widerspruch, in dem diese Haltung der Korinther während des Perserkrieges mit ihrer noch vor kurzem bethätigten Athenerfreundlichkeit steht, erklärt sich leicht aus den veränderten Verhältnissen. Wenige Jahre hatten genügt, um das Athen, welches bei befreundeten Nachbarn Schiffe lieh, zur ersten Seemacht von Hellas zu erheben; in derselben Schnelligkeit vollzog sich der Umschlag der Stimmung in Korinth; sobald nicht mehr die von den Athenern bekämpften Aigineten, sondern diese selbst als die gefährlichsten Rivalen im Seewesen erschienen, trat bei den Korinthern an die Stelle freundnachbarlicher Bereitwilligkeit Misstrauen und Besorgnis, und sie wurden die natürlichen Führer der Opposition, als Athen den Oberbefehl zur See beanspruchte. Wer für sie im Synedrion das Wort führte, ist nicht überliefert.

Mit dem Jahre 480 treten die Kriegsereignisse ganz in den Vordergrund, und von einer Geschichte der kleineren Staaten während dieser Zeit kann nur in dem Sinne die Rede sein, dass die Grösse der zu den einzelnen Kämpfen gestellten Kontingente angegeben und der Anteil eines jeden bei den gemeinsamen Waffenthaten verfolgt wird.

Für Korinth kommt ausserdem in Betracht, dass es als Sitz des Synedrion und später, als die Funktion des Kriegsrats auf die Feldherren der einzelnen Staaten übergegangen war, als örtlicher Mittelpunkt der Eidgenossenschaft immer in engem Zusammenhange mit den auswärtigen Kriegsereignissen blieb, so dass vielleicht keine Bürgerschaft in Griechenland über den ganzen Gang des Krieges rascher und besser unterrichtet sein konnte als die von Korinth.

Bald nach dem Aufbruche des Xerxes von Sardes im Frühjahr 480 erschienen am Isthmos Abgesandte des thessalischen Adels, um die Eidgenossen zu veranlassen, den Pass von Tempe

---

34. 7, 32. 131. Welzhofer (Jahrb. 34, 164), der im Zuge des Xerxes nichts weiter sieht als eine militärische Bereisung der westlichen Provinzen des Perserreiches, mit der nebensächlichen Absicht den Griechen seine Macht zu zeigen und Athen zu erschrecken, lässt persische Gesandte erst während des Zuges nach Mittelgriechenland, nicht nach dem Peloponnes, kommen. — **35.** 8, 2. Für das Folg. vergl. Curtius, griech. Gesch.⁴ II, 78.

zwischen Olymp und Ossa zu besetzen.³⁶ Man beschloss dem Gesuche zu willfahren; zum ersten Male in diesem Kriege sahen die Korinther das Bundesheer in der Umgegend ihrer Stadt sich sammeln. Der Erfolg dieser ersten Sendung war nicht derart, dass die Schriftsteller Grund hatten, viel über die Zusammensetzung des Heeres zu berichten. Es ist aber als wahrscheinlich anzunehmen, dass unter den angeblich 10000 Hopliten, die schliesslich im Thale Tempe lagerten, auch korinthische Mannschaften sich befanden und dass zum Transport der peloponnesischen Truppen vom Isthmos nach dem pagasaiischen Meerbusen auch korinthische Schiffe benutzt wurden. Das Aufgebot blieb nur wenige Tage im Passe; dann kehrte es, weil die Stellung doch nicht haltbar schien, auf demselben Wege zu Lande bis zum pagasaiischen Meerbusen und von da zu Schiff nach dem Isthmos zurück und löste sich auf. — Bald darauf kam auch die Nachricht nach Korinth, dass Potidaia, gleich den anderen Städten auf Pallene, dem Könige hatte Schiffe und Truppen stellen müssen.³⁷

Besser als über die erste Expedition sind wir über die Zusammensetzung des Heeres unterrichtet, welches Leonidas Anfang Juli nach Thermopylai führte;³⁸ die Kontingente waren klein; die Hauptmacht sollte nachkommen. Korinth stellte 400 Mann, also bei einer Gesamtstärke von 4100 Mann etwa den zehnten Teil. Diese Vierhundert unter einem eigenen, aber nicht bekannten Führer zeigten sich nicht besser und nicht schlechter als die übrigen Bundesgenossen aus dem Peloponnes. Sie wünschten beim Herannahen der Perser abzuziehen, um den Isthmos zu verteidigen, sie blieben auf Befehl des Leonidas und beteiligten sich am fünften und sechsten Tage an den Kämpfen im Pass; sie zogen ohne noch bedeutende Verluste erlitten zu haben ab, als die Stellung durch Verrat unhaltbar geworden war. So sahen die meisten ihre Vaterstadt wieder und brachten die erste aus eigener Erfahrung geschöpfte Kunde über das feindliche Heer mit in die Heimat. — Dieser Darstellung Herodots gegenüber, bei der im Grunde nicht viel darauf ankommt, ob die Bundesgenossen mit oder ohne Einwilligung des Leonidas abzogen — für jenes entscheidet sich Herodot selbst und von den Neueren Grote, Duncker, Curtius, für dieses Wecklein. Busolt und Hauvette --- lässt Beloch die Bundesgenossen bei Leonidas ausharren und zum grössten Teile mit ihm fallen. Er macht für diese ganz neue Auffassung geltend, dass Herodot an einer anderen Stelle selbst von 4000 bei Thermopylai gefallenen Hellenen spricht; auch wäre es, nachdem die Umgehung einmal gelungen war, zum Rückzug zu spät gewesen. Beloch hätte noch hinzufügen können, dass einzelne Schriftsteller auch andere Teile des peloponnesischen Heeres mituntergehen lassen, so Pausanias die Mykenaier, und mit grösserer Bestimmtheit der Verfasser der Rede gegen Neaira die Plataier. Doch stehen dieser neuen Meinung wichtige Bedenken gegenüber; besonders ist es schwer zu begreifen, dass die verleumdeten Bundesgenossen nirgends in der erhaltenen Litteratur sollten einen Ehrenretter gefunden haben, dass nicht nur dem Herodot, der doch gerade hier an der Überlieferung Kritik übte, sondern auch seinem strengen Beurteiler Plutarch jede Kunde des wirklichen Sachverhalts verborgen geblieben sein sollte. Von den Gründen für die Beloch'sche Annahme wiegt der nicht schwer, dass keine Zeit zum Abzug gewesen wäre. Da die Nachricht von der Umgehung schon sehr früh eintraf und der Angriff erst gegen Mittag erfolgte, so war gewiss in einem Zeitraum von etwa fünf Stunden die Möglichkeit noch geboten, vor dem Einrücken des Hydarnes in den Pass zu entkommen. (In der Stelle von den Mykenaiern zwingt der Wortlaut nicht zu der Annahme, dass sie mitfielen, und der bekannten Tapferkeit der Plataier konnte wohl später auch ein heldenmütiges Verhalten bei Thermopylai, wo sie nach Herodot gar nicht mitkämpften, angedichtet werden.) Die 4000 griechischen Toten freilich, die Xerxes triumphierend seinem Heere auf dem Schlachtfelde zeigte, lassen sich nur so erklären, dass man entweder eine Verwechselung der Kombattanten überhaupt mit den Gefallenen oder eine grosse Anzahl mit-

36. 7, 172. 173. — **37.** 7, 123. — **38.** 7, 202—222. Über die Zahl Busolt II, 674, 2.

kämpfender Heiloten annimmt. Immerhin sagt mir eine solche Annahme noch mehr zu als das
Verwerfen des ganzen herodoteischen Berichtes, der im Altertum ohne Widerspruch blieb. In der
milderen Fassung, Leonidas selbst habe den Befehl zum Abzug der Bundesgenossen gegeben, möchte
ich vielmehr den Versuch der damals Geretteten erkennen, ihr Verfahren in einem möglichst
günstigen Lichte darzustellen.[39] —

Gleichzeitig mit dem Aufbruch des Heeres nach den Thermopylen war auch die griechische
Flotte vom Isthmos abgesegelt und hatte bei Artemision Stellung genommen. 270 Trieren, davon
40 korinthische unter Adeimantos, Okytos' Sohn Dieser Mann war der natürliche Führer und
Sprecher derjenigen Bundesgenossen, die unter Preisgebung Athens allein Deckung des Peloponnes
wünschten; er war zugleich der Vater des Aristeus, des in Athen verhassten Feldherrn der Korinther
vor und bei Beginn des peloponnesischen Krieges.[40] Kein Wunder daher, dass das Bild des Adeimantos in der attischen Tradition mit verzerrten Zügen erscheint. Herodot, der aus dieser schöpfte,
berichtet getreu seinem Grundsatz die landläufige Erzählung zu geben von der Bestechlichkeit
und Feigheit des korinthischen Admirals, ist aber wenigstens an einer Stelle[41] gerecht genug, das
Urteil der Korinther selbst und der übrigen Hellenen der athenischen Verleumdung gegenüber-
zustellen. Unter diesen Umständen scheint auch das, was er von der Bestechung des Adeimantos
bei Artemision erzählt, wenig glaublich. Sein Bericht lautet folgendermassen:[42] Als die vereinigte
Flotte der Griechen an der Nordspitze Euboias Aufstellung genommen hatte, wurden drei Schiffe
nach Skiathos auf Kundschaft gesendet; von diesen fielen zwei den Persern in die Hände, vom
dritten rettete sich wenigstens die Mannschaft. Auf die Kunde davon erfasste die Griechen Schrecken,
die Flotte wich in den Euripos zurück bis nach Chalkis, wo die Enge des Sundes leichtere Verteidigung versprach. Als aber die Verbündeten von dem Seesturm erfuhren, der Hunderte von
persischen Schiffen vernichtet hatte, fassten sie neue Hoffnung und kehrten in ihre erste Stellung
zurück, freilich nur um sofort beim Herannahen der feindlichen Flotte den Mut wieder sinken zu
lassen. Der Kriegsrat, d. h. Eurybiades mit den Peloponnesiern, beschloss Rückzug zum Isthmos.
Vergebens baten die Euboier um soviel Aufschub als zur Rettung ihrer Kinder und ihres Gesindes
nötig wäre. Erst als sie dem Themistokles dreissig Talente gegeben hatten, fanden ihre Vorstellungen
Gehör. Der Athener beteiligte nämlich den Eurybiades mit fünf Talenten; nun war dieser für
Standhalten und die Kleineren schlossen sich seiner Meinung an; allein Adeimantos widersprach
noch und drohte wegzusegeln. Da wendete Themistokles auch an ihn noch drei Talente, welche
die gewünschte Wirkung thaten. Selbst die noch in den Kauf gegebene Bemerkung des Themistokles,
dass der Perserkönig schwerlich dem Adeimantos soviel für seine Fahnenflucht zahlen würde, stand
nach Herodot dem Abschlusse des schmählichen Handels nicht im Wege. — Duncker hat die innere
Unwahrscheinlichkeit der Geschichte genügend beleuchtet.[43] Der Hergang kann kaum ein anderer
gewesen sein, als dass durch Themistokles' Vorstellungen die Abneigung der Peloponnesier, bei
Artemision zu kämpfen, nach und nach gebrochen wurde, wobei Adeimantos immerhin am längsten
widerstanden und am eifrigsten nach der Heimat zurückgedrängt haben mag, weil seine Stadt an
der Verteidigung des Isthmos das unmittelbarste Interesse hatte; diese allmähliche Umstimmung
stellte dann das Übelwollen gewisser athenischer Kreise in der Geschichte einer successiven Be-

---

39. Beloch, griech. Gesch. I, 372.; Her. 8, 25 mit der Anmerkung von Stein. Pausan. X, 20, 2. [Dem.] in Neaeram p. 1377. — **40.** 8, 1. 5. 7, 137. Die Identität der an beiden Stellen genannten Adeimantos ist nicht streng zu beweisen, aber doch sehr wahrscheinlich. Wecklein 302. — **41.** 8, 94 am Ende. — **42.** 7, 182. 192. 8, 4. 5. — **43.** Gesch. d. Alt. VII, 239 Anm 2. Beistimmend äussert sich A. Bauer, Themistokles 25, wogegen Welz-hofer (Jahrb. 38, 730), der überhaupt mit den Griechen streng ins Gericht geht, hier der Überlieferung Glauben schenkt und Hauvette 374 die herodoteische Erzählung zu retten sucht, indem er die angebliche Bestechungssumme mehr als einen Beitrag zu den Feldzugskosten darstellt. Vergl. auch Plut. de Her. mal. 34.

stechung der entscheidenden Faktoren dar, wobei die Abneigung gegen Themistokles ebensosehr ihre Befriedigung fand wie die gegen Sparta und Korinth. So blieb die Flotte und schlug sich an drei Tagen, doch ohne eigentliche Entscheidung; in dem Hauptkampfe am dritten Tage hatten auch die Griechen starken Verlust an Schiffen und Mannschaften.[44] Einzelheiten sind nicht überliefert. Auf die Kunde von dem Fall des Leonidas wurde auch die Stellung zur See aufgegeben; die Flotte zog sich durch den Euripos zurück in der bisher innegehabten Ordnung, die Korinther voran, die Athener zuletzt.[45] Da diese Reihenfolge ohne jede Bedeutung für das Weitere war, so möchte man in ihrer besonderen Erwähnung ebenfalls eine Spitze gegen die Korinther finden, die als die Hintersten kämpften und als die Vordersten abzogen.

In Korinth selbst hatte man unterlassen das Vergnügen, zwei feindliche Schiffsführer, den Aridolis aus Karien und den Penthylos aus Paphos, welche bei Artemision mit ihren Schiffen den Griechen in die Hände gefallen waren, als Gefangene zu sehen; die Verbündeten hatten sie zu besserer Sicherung nach dem Isthmos geschickt.[46]

Von den 400 Korinthern, die an den ersten Kämpfen in den Thermopylen teilgenommen hatten, waren, wie schon erwähnt, die meisten glücklich in die Vaterstadt zurückgekehrt. Ihnen folgte auf dem Fusse die Botschaft von Leonidas' Heldentod, und wir können uns wohl ausmalen, wie diese Kunde manche Bürger mit Scham erfüllte, dass ihre Landsleute nicht gleich den Thespiern an der Seite der Vormacht ausgehalten hatten, während die meisten sich der Rettung ihrer Angehörigen freuen mochten. Jedenfalls war die Gefahr für Korinth nun viel näher gerückt; denn erst am Isthmos konnte wieder eine Verteidigungsstellung zu Lande eingenommen werden, deshalb arbeitete auch das peloponnesische Aufgebot, das unter Führung von Leonidas' Bruder Kleombrotos bei Korinth in bedeutender Stärke zusammengezogen war, angestrengt an der Mauer, die quer über die Landenge führte und den Peloponnes schützen sollte.[47] Die Korinther waren die natürlichen Leiter des Werkes, aus ihrem Lande nahm man „die Steine, Ziegel, Hölzer und Körbe voll Sand", die zum Bau nötig waren, und ohne Zweifel stand ihr Eifer mit dem Interesse, das sie an der Verschanzung hatten, in angemessenem Verhältnis. Gleichzeitig wurde der skironische Weg, der die kürzeste, wenn auch nicht einzige Verbindung über das Isthmosgebirge bildete, durch Verschüttung unwegsam gemacht.[48] Um aber auch den Schutz der Götter anzurufen, veranstalteten die korinthischen Frauen oder, wie Timaios will, die Hetären einen Zug nach dem Heiligtum der Aphrodite auf Akrokorinth und flehten die Göttin an, ihren Männern Liebe zum Kampf gegen die Barbaren einzuflössen und die Hochburg Griechenlands nicht den Medern preiszugeben.[49] Aus Mittelgriechen-

---

44. 8, 9—14. — 45. 8, 21. Plut. a. a. O. Hauvette 377 bestreitet die korintherfeindliche Tendenz der Notiz — 46. 7, 195. — 47. 8, 40: ἐπεπλεύκεσαν (οἱ Πλοπονήσιοι) τὴν Ἱσθμόν αὐτούς τειχίσαντες τὴν Πελοπόννησον περὶ πλείστου τε ποιευμένοιvς περιεῖναι καὶ ταύτην ἔχοντες ἐν φυλακῇ, τὰ ἄλλα τε ἀπιέναι. Hier werden richtig die Athener als ein Teil der Flotte bei Salamis von dem Landheer der Peloponnesier am Isthmos geschieden; in der Darstellung des Diodor aber fliessen diese beiden Heere in einander. Im Kriegsrat auf Salamis nämlich weisen die Peloponnesier darauf hin, dass der Isthmos καλῶς τετειχισμένος wäre (11, 15); im nächsten Kapitel aber wird die Furcht des Landheeres geschildert: τὰ περὶ τὴν Ἑλλάδα συμπτώματα πρὸ ὀφθαλμῶν ὄντα πολλὴν ἀπορίαν ἐπσποίει τοῖς Ἕλλησιν, als wenn der Standpunkt Salamis und nicht der Isthmos wäre. Infolge nun der beim Landheere herrschenden Verwirrung fassen bei Diodor οἱ σύνεδροι τῶν Ἑλλήνων den Beschluss διατειχίζειν τὸν Ἱσθμόν, während er doch vorher schon ναλῶς τετειχισμένος war. Oder soll das doch betont werden? Auch dass die Mauer, die infolge des allgemeinen Eifers und der grossen dabei beschäftigten Menschenmasse rasch vollendet wurde, von Lechaion bis Kenchreai gereicht habe, ist dem Diodor nicht zu glauben; sie folgte jedenfalls der kürzesten Linie, die von der innersten Bucht des korinthischen Meerbusens in der Nähe von Neukorinth nach Schoinus bei Kalamaki und Isthmia hinüberläuft und eine Länge von etwa 1½ Stunde hat. Auf die Nutzlosigkeit der Verschanzung, solange die Perser eine Flotte hatten, weist Herodot selbst hin (7, 139). — 48. 8, 71 mit der Anm. von Stein. Dass die Spartaner bei diesen Vorkehrungen den Korinthern zu Langsam waren, zeigt der Letzteren Rede bei Thuk. I, 69, 5. — 49. Plut. de Her. mal. 39. Athen. XIII, 573 D.

land, dem das versammelte peloponnesische Heer keine Hilfe gebracht hatte, flüchteten unterdessen die bedrohten Plataier und Thespier über den korinthischen Meerbusen nach der Nordküste des Peloponnes und brachten Kunde vom Vorrücken des Grosskönigs. Daneben liefen auch zuweilen günstige Botschaften ein; man erfuhr, dass Kerkyra etwa gleichzeitig mit der Besetzung Athens durch die Perser 60 Trieren hätte auslaufen lassen und dass die kleinen Flottenkontingente der Pflanzstädte Ambrakia und Leukas, 7 und 3 Schiffe, wirklich auf der Rhede von Troizen, wo sich die Ersatzflotte sammelte, eingetroffen wären.[50] Diese Ersatzflotte vereinigte sich mit der von Artemision abgezogenen Hauptflotte bei Salamis,[51] wo die Griechen auf Bitten der Athener, die ihre Familien in Sicherheit bringen wollten, vor Anker gegangen waren. Nach dem Wunsche der Peloponnesier sollte das nur ein kurzer Aufenthalt sein; ihr eigentliches Ziel war der nun schon benachbarte Isthmos. Die bei Salamis vereinigte Flotte bestand aus 378 Trieren und einigen Fünfzigrudern; dazu hatten die Korinther wieder wie bei Artemision 40 Trieren gestellt;[52] diese stellten also bei Salamis noch nicht den neunten Teil der Gesamtmacht dar, während die gleiche Schiffszahl bei Artemision mehr als ein Siebentel der ganzen Flotte gebildet hatte. Rechnet man freilich die Kontingente der beiden korinthischen Pflanzstädte Ambrakia und Leukas, zusammen 10 Trieren, der Mutterstadt mit zu, so ist das Verhältnis des korinthischen Beitrags zur Gesamtmacht bei Artemision und Salamis ziemlich gleich. Übrigens hatten die Korinther ohne Zweifel, um die Zahl 40 zu erfüllen, einige neue Dreiruderer einstellen müssen, da es nicht wahrscheinlich ist, dass sie an den bedeutenden Verlusten der Griechen bei Artemision ganz unbeteiligt waren. Welzhofer findet Korinths Beitrag zur gemeinsamen Flotte ziemlich gering und meint, „die seemächtige und reiche Stadt hätte wohl die dreifache oder vierfache Zahl stellen können". Diese Annahme dient ihm als Stütze seiner Gesamtauffassung vom Perserzug, der, ausschliesslich gegen Athen gerichtet, die peloponnesischen Staaten im Grunde wenig interessiert habe, weil sie nichts zu fürchten gehabt hätten.[53] Aber gewiss ist hier schon die Voraussetzung falsch; kurz vor Beginn des peloponnesischen Krieges zogen die Korinther in einer sie ganz speziell betreffenden Fehde gegen Kerkyra mit 30 Trieren zu Felde, und als sie, ihre Niederlage zu rächen, die Flotte auf 90 Schiffe brachten, bedurften sie dazu einer zweijährigen Rüstung.[54] Es ist also, selbst wenn die Stadt während der Pentekontaetie etwas zurückgegangen sein sollte, nicht zu glauben, dass sie 50 Jahre früher mit Leichtigkeit 120 oder gar 160 Kriegsschiffe hätte stellen können. Damit wird auch die Folgerung Welzhofers hinfällig. Im Falle eines entschiedenen Sieges würde Xerxes sich gewiss nicht ängstlich auf die Unterwerfung Athens beschränkt haben, und darum waren, in diesem Stadium des Kampfes wenigstens, die Peloponnesier an der Abwehr der Perser nicht minder interessiert als die Athener. Die vierzig korinthischen Schiffe können also als eine der Bedeutung der Stadt entsprechende Leistung angesehen werden. Dass es Trieren waren, sagt Herodot ausdrücklich und wird auch von Thukydides indirekt bestätigt. Auf eine Triere rechnet Herodot dem Verhältnis seiner Zeit entsprechend 200 Mann; das ergäbe für die 40 Schiffe der Korinther bei Artemision und Salamis 8000 Mann Ruderer und Besatzung. Doch wird Beloch Recht haben, wenn er die Triere der Perserkriege etwas kleiner ansetzt als die spätere und die Mannschaft entsprechend vermindert; annähernd 6000 Mann aber werden die korinthischen Schiffe jedenfalls als Bemannung verlangt haben, darunter mutmasslich zahlreiche Sklaven als Ruderer.[55]

Über das Verhalten der Korinther, d. h. der auf der Flotte befindlichen, vor und während der Schlacht bei Salamis fliessen die Quellen verhältnismässig reichlich, wenn auch nicht durchaus

---

50. 7, 103. 8, 45. — 51 8, 42. — 52. 8, 43. Liegen diese Zahl hat auch J. Beloch, Bevölkerung 119, nichts zu erinnern. R. Adam, *de Herod ratione historica quaest. sel.* S. 51, stellt ein etwas künstliches System auf, nach dem Herodot die einzelnen Kontingente ausgeworfen habe. Für uns bleibt die Hauptsache, dass die Zahl 40 für Korinth, sollte sie selbst abgerundet sein, doch innerlich nicht unwahrscheinlich ist. — 53. Histor. Taschenbuch 1892, 46. — 54. Thuk. I, 27. 46. — 55. 8, 44. 17. 7, 144. Thuk. I, 13, 2. 14, 2. Beloch, Bevölkerung 60. Busolt II, 651, 3.

lauter. Eine Prüfung der überlieferten Nachrichten ergiebt folgendes Resultat: die Korinther suchten im Kriegsrat vor dem Kampfe die Annahme der Schlacht bei Salamis im Sinne der peloponnesischen Bundesgenossen möglichst zu verhindern und das Zurückweichen nach dem Isthmos durchzusetzen, wo sie unmittelbar vor ihrer Stadt und in Verbindung mit dem Landheer an der Isthmosverschanzung die Heimat direkt schützen konnten;[56] nach Beginn der Schlacht aber kämpften sie tapfer und trugen an ihrem Teile zum Siege bei.

Wir prüfen jetzt die Angaben der einzelnen Schriftsteller. Der Dichter Simonides von Keos,[57] der Epigrammatiker der Perserkriege, sang von den bei Salamis gefallenen und auf der Insel begrabenen Korinthern:

> Fremdling, wir wohnten dereinst im wasserreichen Korinthos;
> Jetzt deckt aiantisches Land, Salamis, unser Gebein.
> Leicht der Phönikier Schiffe und Perser und Meder bezwingend,
> Schirmten wir kühn vor dem Feind Griechenlands heilige Flur.

Zu Ehren derselben Männer errichteten die Korinther auf dem Isthmos ein Kenotaph, und auch für dieses dichtete Simonides eine Aufschrift:

> Eigenen Lebens nicht achtend, als furchtbar genaht die Entscheidung,
> Wehrten vom griechischen Land kämpfend die Knechtschaft wir ab.
> Herzeleid jeglicher Art erregten wir Persiens Söhnen,
> Dass sie des Kampfes noch heut denken des schweren zur See.
> Unser Gebein deckt Salamis jetzt; doch dieses Gedächtnis
> Stifteten unserer That dankbar die Bürger Korinths.

Von Adeimantos, dem Führer der Korinther, sagt er:

> Hier ist das Grab des Adeimantos, dem Hellas der Freiheit
> Somes Geschenk und den Kranz herrlichen Sieges verdankt.

Endlich verfasste er auch für die Schiffsmannschaft des korinthischen Trierarchen Diodoros, die Waffen oder Schiffsgeräte in einem Tempel der Leto weihte, ein Epigramm:

> Schiffer weihten dereinst der Leto diese Geräte,
> Als sie mit Diodor feindliche Meder besiegt.

In einem Preislied auf den Korinther Xenophon aus dem Jahre 464 rühmt Pindar[58] der Stadt Korinth nach, dass in ihr „das Kriegshandwerk blühe, gestützt auf die verderblichen Lanzen junger Männer". Die Scholien beziehen dieses Lob, wie es auch nicht anders möglich ist, auf die Tapferkeit der Korinther in den Perserkriegen, und eins von ihnen weiss auch zu berichten, dass die Korinther damals, d. h. in der Seeschlacht bei Salamis, 50 feindliche Schiffe zum Sinken gebracht hätten.

Herodot[59] schildert zunächst die Rolle des korinthischen Führers im Kriegsrat. Als Themistokles auf die Kunde von Athens Fall ein zweites Zusammentreten der Führer veranlasst hatte und noch vor Eröffnung der Beratung die einzelnen im Sinne des Standhaltens zu bearbeiten suchte, rief ihm Adeimantos zu: „Bei den Wettkämpfen bekommen die, die zu früh sich aufmachen, Schläge." Themistokles antwortete: „Aber wer sitzen bleibt, bekommt keinen Kranz." Nun folgte die Beratung, in der Themistokles zu Euryhiades gewendet alles zusammenfasste, was für das Aus-

---

56. Welzhofer a. a. O 51 wundert sich, dass Themistokles (Her. 8, 60) neben Salamis, Megara und Aigina nicht auch Korinth durch den Abzug von Salamis gefährdet nennt und dass gerade Adeimantos opponiert — als ob nicht Korinth hinter der Isthmosstellung gelegen und durch ein Zusammenwirken von Flotte und Landheer am Isthmos besonders wirksame Deckung bekommen hätte, während die Aufstellung der Griechenflotte bei Salamis gegen das Landen einer persischen Schiffsabteilung an der Küste des Peloponnes keinen absoluten Schutz gewährte. — 57. Fragm. 96. 97. 98. 131. Die Echtheit dieser Epigramme ist allerdings bestritten. Hauvette IX und 103 hebt die Übertreibungen hervor und lässt durchblicken, dass er die Disticha, besonders das auf Adeimantos, für Schulübungen aus der Alexandrinerzeit hält. Wenn das richtig ist, so beweisen sie wenigstens, dass man zur Zeit ihrer Entstehung nicht an die Darstellung Herodots glaubte. Leake (Demen 214 Westerm.) weist darauf hin, dass die Athener die Inschrift für Adeimantos auf Salamis Jahrhunderte hindurch unangetastet liessen. — 58. Ol. XIII, 32. — 59. 8, 59 flg.

harren bei Salamis sprach. Da fährt Adeimantos im Ärger über den Eindruck, den die überzeugende
Rede macht, heraus, Themistokles möge schweigen, da er kein Vaterland mehr habe, und Eurybiades
solle ihn nicht an der Beratung teilnehmen lassen. Das führte zu einer heftigen Erwiderung, in
der Themistokles nun die Korinther im allgemeinen hart mitnahm und auf Athens 200 Trieren als
die stärkste hellenische Seemacht hinwies. Als die Verhältnisse trotz des Widerstrebens der
Peloponnesier die Seeschlacht erzwangen, liess Adeimantos, wie Herodot weiter erzählt, beim Beginn
des Kampfes die Segel aufziehen und fuhr längs der Insel in südwestlicher Richtung davon;⁶⁰ mit
ihm die korinthischen Trieren, dem Admiralschiff folgend. Gegenüber dem Heiligtum der Skiradischen
Athena begegnete den Fliehenden ein Schnellsegler, dessen Absender ihnen ebenso unbekannt war wie
der weitere Verlauf der Schlacht. Die Bemannung des Fahrzeugs rief ihnen zu, warum sie denn ent-
wichen, während die anderen Griechen schon im Begriffe wären den Sieg zu erkämpfen. Adeimantos
schenkte dieser Botschaft zunächst keinen Glauben und kehrte erst um, als die Mannschaft sich
erbot, ihn als Geisel für die Wahrheit ihrer Siegesnachricht zu begleiten und im Falle der Nicht-
bestätigung den Tod zu erleiden. So kam Adeimantos wieder nach Salamis, aber zu spät; denn der
Sieg war bereits erkämpft. „Die Korinther," so schliesst Herodot, „traf diese üble Nachrede von
seiten der Athener, aber sie geben das nicht zu, sondern meinen, sie hätten bei der Seeschlacht mit
in der vordersten Reihe gestanden, und das bezeugt ihnen auch das übrige Griechenland".

Diodor, der bekanntlich die Darstellung des Ephoros wiedergiebt, nennt die Korinther bei
der Schlacht von Salamis gar nicht. Er erwähnt zwar das Bestreben der Peloponnesier, im Kriegsrat
den Rückzug nach dem Isthmos durchzusetzen,⁶¹ giebt auch eine gedrängte Übersicht der von beiden
Seiten geltend gemachten Gründe, aber Adeimantos' Name kommt gar nicht vor und von dem Zanke
ist keine Rede; Themistokles bringt vielmehr durch seine Rede alle zu seiner Meinung. In der
Schlacht selbst standen nach Diodor Athener und Spartaner auf dem linken, Aigineten und Megarer
auf dem rechten Flügel, die übrigen Griechen, also auch die Korinther, Leukadier und Anaktorier
im Centrum.

Plutarch erzählt diese Dinge im Leben des Themistokles, aber mit der deutlich zu
Tage tretenden Absicht, die Korinther dabei ganz aus dem Spiele zu lassen. Im 7. Kapitel berichtet
er, unter Anführung Herodots als Quelle, wie Themistokles bei Artemision mit dem von den Euboiern
geschickten Gelde „den Eurybiades mit seinem Anhang" besticht. Adeimantos, den Herodot als
Empfänger von drei Talenten nennt, wird von Plutarch nicht erwähnt; aber gleichsam als Ersatz
für diese unterdrückte Bestechungsgeschichte berichtet unser Schriftsteller, dass der widerstrebende
Athener Architeles von Themistokles durch Bestechung und Einschüchterung zu längerem Ausharren vermocht wurde. Im 11. Kapitel erzählt Plutarch das Wortgefecht, das Themistokles zu
bestehen hatte, nennt aber als Gegner des Atheners nicht, wie Herodot den Adeimantos, sondern
den spartanischen Oberbefehlshaber der ganzen Flotte Eurybiades, für den die Stellung als Schiedsrichter ungleich passender ist als die als Partei. Dann erweitert Plutarch die Erzählung noch
dadurch, dass er auf die Antwort des Themistokles: „wer zurückbleibt, bekommt keinen Kranz"
den Eurybiades ihm mit erhobenem Stocke drohen lässt, worauf Themistokles sagt: „Immer schlag
zu, aber höre mich an."⁶² Bemerkenswert ist hierbei, dass die Worte des Themistokles, die Herodot

---

60. 8, 94. Ob die Fahrt in östlicher Richtung und später südwestlich um die Ostseite der Insel ging
(C. Wachsmut, die Stadt Athen im Altert. I, 443 Anm. 2) oder „kürzer und sicherer" westwärts durch den Sand
und die Bucht von Eleusis (Leake a. a. O. Lolling, histor. u. philol. Aufsätze Ernst Curtius gewidmet S. 4), ist zwar
für die Bestimmung des Athenatempels wichtig (Lolling, athen. Mitteil. I, 125 flg.), weil die Verleumder der Korinther
sich doch mit den geographischen Verhältnissen nicht in Widerspruch setzen durften, dagegen gleichgültig für die
Geschichte, weil ja niemand an die Flucht glaubt. — **61.** XI, 16—18. — **62.** Diese Bonmots waren in Sammlungen
derartiger kurzer Aussprüche übergegangen. Die *apophthegmata regum et imperatorum*, die unter Plutarchs Namen
gehen, aber nach R. Volkmanns überzeugender Darlegung (a. a. O. 210—214) weder von Plutarch herrühren, noch

ausdrücklich als „sanft" bezeichnet, unmöglich den Gegner reizen konnten, den Stock zu erheben. Nun lässt, nach Plutarch, Eurybiades den Themistokles reden; als er seine Gründe vorgebracht hat, sagt einer (τις): „Ein Mann ohne Vaterland hat kein Recht, die, die noch eins haben, zum Verlassen und Preisgeben der Heimat aufzufordern." Bei Herodot thut Adeimantos diese Äusserung; Plutarch hat ihn also auch hier beseitigt und einen Unbestimmten an seine Stelle gesetzt. Genaueres dagegen als Herodot weiss Plutarch von der Antwort, die Themistokles auf die Herausforderung erteilt; er führt sie in direkter Rede an, während Herodot nur sagt, Themistokles hätte die Korinther tüchtig schlecht gemacht.

Im Leben des Aristeides[62] erzählt Plutarch noch, dass in einem späteren Stadium der Beratung, als bereits Aristeides die Nachricht von der Einschliessung gebracht hatte, der Korinther Kleokritos das Wort genommen habe. Als nämlich Themistokles nun erst recht auf eine Seeschlacht drang und Aristeides ohne etwas zu äussern die Rede seines Landsmannes anhörte, da sagte Kleokritos zu Themistokles, auch Aristeides billige seinen Vorschlag nicht; sonst würde er nicht schweigen. Aristeides aber erwiderte: „Gerade mein Stillschweigen beweist, dass ich für Themistokles' Vorschlag bin; denn wenn dieser nicht das Richtige sagte, würde ich eben nicht schweigen." Dieser Kleokritos kommt noch einmal als Sprecher der Korinther nach der Schlacht bei Plataiai im Leben des Aristeides vor; kein anderer Schriftsteller ausser Plutarch nennt ihn. Ein Widerspruch zwischen Herodot und Plutarch liegt noch darin, dass jener den Aristeides sich nach Mitteilung seiner Nachricht entfernen lässt, während er bei diesem der weiteren Beratung anwohnt. — Das Verhältnis von Herodot und Plutarch bezüglich dessen, was sie über die Korinther vor und bei Salamis erzählen, ist also folgendes: Plutarch beseitigt aus der Erzählung des Herodot ganz den Adeimantos, indem er seine Worte teils anderen in den Mund legt, teils als die Äusserung eines Unbekannten giebt, seine angebliche That aber ganz weglässt.

Soweit es sich nun um die Ersetzung des Adeimantos durch Eurybiades oder durch einen Ungenannten (τις) handelt, ist es schwer zu entscheiden, ob Plutarch die Veränderung schon in einer ihm vorliegenden Quelle fand oder selbst erst vornahm.[64] Was aber die Person des Kleokritos anlangt, so hat sie schwerlich Plutarch selbst erdichtet oder direkt der boiotisch-plataiischen Ortssage entnommen, sondern einem Vorgänger entlehnt, den Busolt im allgemeinen eine „späte", Welzhofer eine „gute Quelle" nennt, andere in Phanias, Ephoros oder Idomeneus zu finden glaubten.[65] Denn wie bei manchen anderen Nachrichten, so hat auch hier die viele Mühe der Gelehrten, Plutarchs Quellen in den Lebensbeschreibungen des Themistokles und Aristeides zu ermitteln,[66] zu

---

aus seinen Biographien excerpiert sind, erzählen unter Themistokles 4 den ersten Wortwechsel zwischen Them. und Adeimantos (also nicht, wie bei Plutarch, zwischen Themistokles und Eurybiades): ὦ Θεμιστόκλεις, τοὺς ἐν τοῖς ἀγῶσι προεξανισταμένους μαστιγοῦσι· ἀεί· ναί, εἶπεν, ὁ Ἰδέμαντε, τοὺς δὲ λειπομένους οὐ στεφανοῦσι. Das τοιγάρ γε φασιν δὲ als Antwort an Eurybiades, der den Stock erhebt, findet sich noch in den apophthegm. Themist. 5, bei Aelian var. hist. 13, 40 und bei dem Rhetor Ailios Aristeides ὑπὲρ τῶν τεττάρων 238 Dind. Die Geschichte der Anekdote bei A. Bauer, Themist. 158. O. Jäger (M. Atilius Regulus S. 20 Anm. 28) erklärt ihre Entstehung aus einem Missverständnis der Worte Herodots (ῥαπίσσεαι). „Es fällt in Wirklichkeit ein Wort von Schlägen; der zweite Erzähler liefert den erhobenen Stock, der dritte die Schläge." Vergl. auch Wecklein Sitzungsber. d. bayr. Ak. 1882 S. 4, der das Wort vom ἄπολις ἀνήρ auf Alkaios (schol. zu Aesch. Pers. 351) zurückführt. — 63. cap. 8. — 64. A. Bauer, Them. 141 Anm 3. Nach Ad. Schmidt, Perikles u. s. Zeitalter II, 135 gehen Herodot und Plutarch auf eine gemeinsame Quelle zurück, aus der auch Ephoros schöpfte, nämlich auf Stesimbrotos von Thasos, den überhaupt Plutarch in besonders hohem Grade benutzt haben soll. Doch ist das eben nur eine Vermutung, der andere mit gleicher Berechtigung gegenüberstehen. — 65. Busolt, gr. G. II, 703, Anm. 1. Welzhofer 54. M. Mohr a. a. O. 33, 35. H. Rose, de Aristidis Plutarchei fontibus S. 14. Ad. Schmidt a. a. O. II, 260. W. Fulst, über die Quellen Plutarchs für das Leben d. Arist. 18. — 66. Ausser den in der vorigen Anm. genannten Schriften C. Schilder, de rerum scriptoribus quibus Plutarchus in Them. vita perscribenda usus est. Leobschütz 1830. Albracht, de Them. Plutarchei fontibus. Gött. 73. L. Holzapfel, Untersuch. über die Darstellung der griech. Gesch. von 409—413 (Leipzig 1879) S. 153. Beurteilung der Schrift Max Mohrs durch A. Holm in Bursians Jahresber. 1880 III, 85. J. Meyer, über die Quellen in Plutarchs

keinem allgemein überzeugenden Resultat geführt, und was speziell die wenigen Stellen anlangt, an denen Plutarch die Korinther oder einzelne Korinther nennt, so fehlt jede Quellenangabe und es bleibt bei Vermutungen. Wenn wir aber auch nicht wissen, woher Plutarch den Kleokritos entnahm, so kann immerhin seine Quelle eine gute Überlieferung bewahrt haben, wenigstens was das Auftreten des Kleokritos später in dem Feldherrnrat nach der Schlacht bei Plataiai betrifft. Es ist ja ganz glaubhaft, dass die korinthischen Landtruppen ebenso wie die spartanischen und athenischen i. J. 479 von einem anderen Mann geführt wurden als die korinthischen Schiffe i. J. 480. Wenig wahrscheinlich aber ist es, dass in dem Kriegsrat auf Salamis zwei Korinther, Adeimantos und Kleokritos, sprachen. Die Person des Adeimantos nun für Salamis preiszugeben, scheint doch dem Berichte Herodots gegenüber unmöglich, und ich möchte deshalb vermuten, dass Plutarchs Quelle (oder auch Plutarch selbst) den für Plataiai annehmbaren Kleokritos auch in der Schlacht bei Salamis für Adeimantos einsetzte und in dessen Sinne sprechen liess. Der Adeimantos des Herodot wurde eben von Plutarch überhaupt nicht anerkannt und musste deshalb erst dem Eurybiades, dann dem Unbekannten und nun zuletzt dem Kleokritos weichen. — Der stillschweigenden, bereits von anderen übernommenen Polemik gegen Herodot hat Plutarch aber noch eine ausdrückliche und scharfe hinzugefügt in seiner bereits erwähnten Schrift „über die Bösswilligkeit Herodots". Er macht sich im 39. Kapitel lustig über das „vom Himmel gefallene (*ὀυρανοπετίς*)" Schiff, das den fliehenden Korinthern begegnet sein soll, und führt folgende Punkte zur Verteidigung des Adeimantos und seiner Landsleute an. 1. Thukydides[67] lässt den athenischen Redner, der vor Beginn des peloponnesischen Krieges in Sparta den Korinthern entgegentritt, mit keinem Worte jener Fahnenflucht bei Salamis gedenken, obwohl er doch gerade die Schlachten der Perserkriege erwähnt. 2. Der Name der Korinther stand hinter Sparta und Athen an dritter Stelle auf den Weihgeschenken. 3. Die vier (oben angeführten) Epigramme des Simonides auf die Korinther im ganzen oder einzelne ihrer Führer (Adeimantos, Diodoros) wären nicht möglich gewesen, wenn ihr Admiral ein Verräter war. 4. Ebensowenig hätte Adeimantos, wenn er wirklich fahnenflüchtig gewesen wäre, es wagen können, seine Töchter Nausinika, Akrothinion und Alexibia, seinen Sohn Aristeus zu nennen, da diese Namen (Seesiegerin, Erstlingsbeute, Gewaltabwehrerin, Edelster) ein Hohn auf sein Verhalten gewesen sein würden. 5. Nur bei den Korinthern haben auch die Frauen zum Siege mitgewirkt, indem sie die Prozession zum Aphroditetempel veranstalteten. — Abgesehen etwa von dem letzten Grund — denn der zur Zeit der grössten Gefahr unternommene Zug der Frauen nach Akrokorinth beweist gar nichts für die Tapferkeit der Männer in der Schlacht — sind alle diese Punkte wohl geeignet, die Erzählung Herodots von der Flucht der Korinther zu widerlegen; aber Plutarch hätte kaum nötig gehabt sich so zu ereifern, da Herodot offenbar selbst die Geschichte nicht geglaubt hat und — was freilich zu bedauern ist — wohl nur durch das Wunderbare und Übernatürliche, das in der Erscheinung des geheimnisvollen Schiffes lag, bestimmt wurde, die boshafte Nachrede der Athener gegen die Korinther durch Aufnahme in sein Werk zu verewigen. Dieser Zusammenhang wäre auch im Altertum für jeden leicht erkennbar gewesen, der Herodots Neigung, im Menschenleben die göttliche Fügung (*θείη πομπή*) nachzuweisen, gebührend berücksichtigt hätte. Aber in Verkennung dieses klar genug zu tage liegenden Motivs suchte man nach anderen Gründen; daher der giftige Angriff des Plutarch auf Herodots angebliche Bosheit, daher auch die alberne Erzählung,[68]

Lebensbeschreibung des Them. u. Arist. für die Zeit der Perserkriege. Allenstein 1882. Ernst Schmidt, eine Hauptquelle in Plutarchs Themist. Marienburg 1883. Eine Würdigung der meisten dieser Schriften mit kurzer Inhaltsangabe und Beurteilung bez. Ablehnung der weit auseinandergehenden, vielfach als sichere Resultate vorgetragenen Hypothesen bei Busolt II, 626 ffg. In Tabellenform sind die Meinungen der Einzelnen über die Quellen von Kapitel zu Kapitel dargestellt von Hanow, die Lakedäm. und Athener in den Perserkriegen S. 19. Progr. v. Anklam 1895. — 67. I, 73. — 68. [Dio Chrys.] 37, 103 R. Marcellinus Leben des Thukyd. α § 27. Ähnlich suchte der Boioter Aristophanes Herodots angebliche Feindseligkeit gegen die Thebaner zu erklären. Plut. *de Her. mal.* 31.

Herodot wäre mit einer korintherfreundlichen Darstellung der Schlacht nach Korinth gekommen, hätte dort keine Anerkennung gefunden und nun die Erzählung so umgearbeitet, wie sie uns jetzt vorliegt.

So werden wir denn mit allen alten und neuen Geschichtsschreibern der Schlacht die angebliche Flucht der Korinther preisgeben, im Übrigen aber dem Herodot glauben, dass Adeimantos vor dem Kampfe alles that um die gemeinsame Flotte zur Abfahrt nach dem Isthmos zu bewegen, bis Aristeides mit der Botschaft eintraf, dass es dazu zu spät wäre. „Und wenn die Korinther und Eurybiades noch so sehr wollen," sagt er zu Themistokles, „so ist es jetzt nicht mehr möglich hinauszufahren; denn wir sind von den Feinden umzingelt." Der tenische Kapitän Panaitios, der in diesem aussichtslosen Augenblick zu seinen Stammesgenossen überzugehen den Mut hatte, bestätigte die Aussage des Aristeides und die Schlacht begann. Die Korinther, die den Zug der Schiffe von Artemision her geführt hatten,[43] waren wohl am tiefsten in die Bucht von Salamis eingedrungen und lagen in deren nordwestlichem Teile. Als nun die griechische Flotte herausfuhr um in der Enge unmittelbar hinter Psyttaleia den Persern die Einfahrt zu wehren, hatten die Athener auf dem rechten Flügel den kürzeren Weg bis zur Spitze der langgestreckten Landzunge Kynosura, wo sie schwenkten und gegen Südosten Stellung nahmen; „der rechte Flügel", sagt Aischylos voll patriotischen Stolzes, „fuhr zuerst in guter Ordnung heran". So hatten die Athener den Vorteil ihren Leuten auf Salamis nahe zu bleiben. Die Peloponnesier, die das Centrum und den linken Flügel bildeten, hatten bis in ihre Stellung nahe der attischen Küste eine längere Strecke zu durchmessen; sie fuhren ebenfalls zunächst in westlicher Richtung und wendeten sich dann gegen Süden. Dort also standen vermutlich, den kleinasiatischen Ioniern gegenüber, mit den Lakedaimoniern auch die Korinther.[50] Sie hielten sich nicht schlechter als die andern, haben gewiss

---

69. (Dio) 37, 109 R: *Ἠπιώτητα οὐ κρατείχη, ἀλλὰ τῷ τάφρῳ καὶ τῷ Σπουδῇ*. Wecklein 252. 302. Ihm pflichten bei Duncker VII, 287 A 1 und Busolt II, 705, 1. Die Einwendungen von B. Niese in Sybels Histor. Zeitschr. 1879 S. 120 scheinen uns nicht von Belang. Müller-Strübing in Fleckeis. Jahrb. 1879 S. 443 nimmt eine Volks- und Bauernpoesie an, aus der mit anderen einzelnen Zügen vielleicht auch die Flucht der Korinther stamme. Hauvette, der sich der dankenswerten Mühe unterzogen hat den viel angefeindeten und arg zerpflückten Herodot wieder einmal zu verteidigen und seine Nachrichten zu Ehren zu bringen, erwähnt die Flucht des Adeimantos an vielen Stellen seines Werkes (S. 101. 152. 363. 423. 479), aber auch er glaubt nicht daran und betont, dass ebensowenig Herodot dies thue. Den Ursprung der verleumderischen Nachrede sieht Hauvette darin, dass die Athener die besser bezeugte wenig rühmliche Haltung der Korinther bei Plataiai auf die Schlacht bei Salamis mitübertragen hätten. Duncker in der ersten Auflage (IV, 79?), Lolling (Athen. Mitteil. I, 132) und Welzhofer (Histor. Taschenb. 1892, 61) deuten an, dass ein anfängliches Zurückweichen der Korinther beim ersten Vorstoss der Ionier vielleicht den Anlass zur Erdichtung der Flucht des Adeimantos gegeben haben könne. Notwendig ist eine solche rationalistische Erklärung nicht (Wecklein, Sitzungsber. 1892, 5), aber dass der linke (östliche) Flügel der Griechen mit seinen Gegnern nicht so rasch fertig wurde wie der rechte (westliche), auf dem die Athener standen, darf man wohl daraus schliessen, dass die Athener später auch auf dem östlichen Kampfplatze erscheinen Vergl. Busolt II, 707 nur dass er, entsprechend seiner Auffassung von der Haltung des Kampfes (Anm. 6), den linken griechischen Flügel als den westlichen ansieht). Mit Stillschweigen haben die Flucht des A. übergangen Grote, Curtius, Holm, Beloch. — **70.** Eine bestimmte Nachricht über die Stellung der Bundesgenossen findet sich nur bei Diodor XI, 18, der die Athener und Lakedaimonier dem linken, die Algineten und Megarer dem rechten Flügel zuweist und dann fortfährt: „die übrigen Griechen (also auch die Korinther) standen im Mitteltreffen". Da aber die Vereinigung von Athenern und Lakedaimoniern auf einem Flügel ganz unwahrscheinlich ist, weil die Lakedaimonier mit ihren wenigen Schiffen sicherlich nicht als Anhängsel der Athener operiert, sondern jedenfalls mit den ihnen näherstehenden Peloponnesiern ein grösseres Ganzes gebildet haben werden, so erscheint die Angabe des Ephoros überhaupt wenig glaubwürdig; er hat wohl, nachdem er die bedeutenderen Staaten auf den Flügeln untergebracht hatte, die noch übrigen einfach dem Centrum überwiesen, wie er auch die einzelnen Kontingente der persischen Flotte nach einem bestimmten Prinzip, nicht dem geographischen, nebeneinander ordnet. Herodot 8, 85 lässt die Athener auf dem westlichen Flügel den Phöniken, die Lakedaimonier auf dem östlichen den Ioniern gegenüberstehen. Da nun aber die 16 Schiffe der Spartaner nicht allein einen ganzen Flügel gebildet haben können, so giebt Curtius ihnen vermutungsweise die anderen Peloponnesier bei, also auch die Korinther. Grote (Meissner III, 104) und Welzhofer kombinieren Herodots und Diodors Angaben

auch persische Schiffe in den Grund gebohrt, aber natürlich nicht gerade fünfzig, wie der Scholiast zu Pindar will; da Diodor den Verlust der Perser auf etwas über 200 angiebt, so käme auf die Korinther, die nur etwa den zehnten Teil der griechischen Flotte bildeten, fast ein Viertel der vernichteten feindlichen Schiffe; sie hätten sich also nicht nur nicht feig gezeigt, sondern sogar ausgezeichnet, eine Meinung, der wir auch bei dem unbekannten Verfasser einer unter Dio Chrysostomos' Namen gehenden Lobrede auf die Korinther begegnen.[71] Einen grossen Wert dürfen wir solchen Nachrichten und Zahlen natürlich nicht beilegen; sie sind eine begreifliche Reaktion gegen die ehrenrührige Anschuldigung bei Herodot. Die Korinther werden ihre Pflicht gethan haben, aber daran können wir kaum zweifeln, dass Athener und Aigineten das Hauptverdienst um die Schwächung der Perserflotte hatten.

Nach der Schlacht erwarteten die Griechen einen Tag lang die Erneuerung des Kampfes; als sie aber von der Abfahrt der persischen Flotte hörten, beschlossen sie noch auf Salamis die Feinde zu verfolgen. In Andros hielten sie einen zweiten[72] Kriegsrat, in dem sich wieder Themistokles und die Peloponnesier, deren Standpunkt hier Eurybiades selbst vertrat, gegenüberstanden. Die Athener wussten, dass ihr Land einmal verwüstet war, und fürchteten darum das in Attika zurückgebliebene persische Landheer nicht weiter, aber die Peloponnesier und besonders die an erster Stelle bedrohten Korinther wollten sich nicht zu weit von der Heimat entfernen und setzten es durch, dass von einer weiteren Verfolgung abgesehen wurde. Die Bundesflotte belagerte vergeblich Andros, verwüstete das Gebiet der Karystier und kehrte dann nach Salamis zurück um die Kriegsbeute zu verteilen. Ein phönikischer Dreiruderer wurde dazu bestimmt auf dem Isthmos geweiht zu werden. Dorthin fuhr nun die vereinigte Flotte; die Triere wurde beim Heiligtum des Poseidon aufgestellt, wo sie Herodot selbst sah.[73] Von dem Empfang der siegreich Heimkehrenden durch die Korinther und das noch versammelte Landheer, das sich durch eine Sonnenfinsternis während des Auszugsopfers von der Verfolgung des abziehenden Xerxes hatte abhalten lassen,[74] wird in den Quellen natürlich nichts berichtet, aber die Phantasie wird es sich nicht nehmen lassen, den mannigfachen Beziehungen nachzugehn, die sich vor der Schlacht bei Salamis zwischen dem

und lassen den rechten (östlichen) Flügel aus Lakedaimoniern, Aigineten und Megarern bestehen, womit sie stillschweigend die Korinther dem Mitteltreffen zuweisen. — Auf die Frage, ob die Griechen im Innern der Meerenge mit der Front nach Norden oder am Ausgang bei Psyttaleia mit der Front nach Süden gekämpft haben, kann hier nicht ausführlich eingegangen werden. Ich bemerke nur, dass die jüngere, auf Aischylos und Diodor begründete und zuerst von Löschcke (Fleckeis. Jahrb. 1877, 25) vertretene Ansicht, nach welcher die Griechen mit der Front gegen Südosten den anrudernden Persern das Eindringen in die Meerenge streitig machten, in neuerer Zeit Boden gewinnt; so haben sich die beiden letzten deutschen Geschichtschreiber der Griechen Holm und Beloch für Löschcke entschieden, und auf dieser Voraussetzung beruht auch die oben im Text gegebene Darstellung. Wenn freilich Löschcke meint, dass im Grunde auch Herodot dieser Meinung sei, so kann ich ihm, weil er dazu erst den Text Herodots ändern muss ('Ελευσίνος cap. 85 in Σαλαμίνος), nicht beistimmen. Herodot dachte sich gewiss die persische Flotte längs der attischen Küste aufgestellt. Zu dieser als irrig vorausgesetzten Ansicht kam er vielleicht dadurch, dass er die Schwenkung der griechischen Schlachtreihe nicht beachtete. Er wusste, dass die Athener den westlichen Flügel gebildet hatten; rückten sie nun von der Küste von Salamis aus einfach vor, so mussten die ihnen gegenüberstehenden Phöniker ebenfalls erst tief nach Westen in die Meerenge hineingeführt werden, wie es Herodot thut. Wird aber die Wendung der griechischen Flotte gegen Süden in Betracht gezogen, so bleibt bestehen, was Herodot jedenfalls in Athen selbst erkundet hatte, nämlich dass die Athener mit den Phönikern im Westen, die Peloponnesier mit den Ioniern im Osten des Schlachtfeldes gekämpft hatten, ohne dass die viel natürlichere Aufahrt der Perser von Südosten her aufgegeben zu werden braucht. Die herkömmliche Ansicht ist zuletzt verteidigt worden von Hauvette 103, Busolt II, 700 und Wecklein a. a. O. 21. 29, der eine doppelte Aufstellung annimmt. Eine Erklärung der Vorgänge, die alle Schwierigkeiten löst, lässt sich nicht geben; Aischylos, der Augenzeuge, drückt sich als Dichter sehr allgemein aus, Herodot und Diodor stehen unter einander, ja mit sich selbst, im Widerspruch, Plutarch geht auf die Stellung nicht ein. — 71. or. 37, 459 M. Von den Neueren ist Busolt (Rhein. Mus. 38, 628) der Meinung, dass „die Korinther sich notorisch ausgezeichnet hätten". — 72. Sitzungsbericht der Kgl. preuss. Akad. d. Wiss. 1892, 377 bis 392 (M. Duncker, der angebliche Verrat des Themistokles). — 73. 8, 10d. 111. 121. — 74. 9, 10.

gewaltigen Landaufgebot der Peloponesier und den Bewohnern der Stadt und nun wieder zwischen diesen und der Flotte bilden mussten. Zuerst konzentrierte sich alles Interesse um die Isthmosmauer, auf der Wölbung des Landrückens werden die Peloponesier kampiert haben, Korinther unter ihnen förderten das Werk und andere sorgten für Unterhalt und Proviant; die Zeit unmittelbar nach der Schlacht bei Salamis brachte den Moment der höchsten Spannung; denn jetzt musste es sich entscheiden, ob die Perser nun mit dem Landheer einen Angriff auf die Isthmosbefestigung machen würden. Ihr Abzug liess dann den Eifer erkalten. Als aber die siegreich heimkehrenden Schiffsmannschaften bei Schoinus Anker geworfen hatten, da belebte sich die Strasse von der Stadt bis zum Poseidonion mit Wanderern aller Art; die Behörden der Stadt zogen hinüber, um mit Adeimantos und anderen Führern in Verbindung zu treten, Angehörige wollten die Ihrigen begrüssen, Neugierige die Veranstaltungen des Dankfestes an Poseidon und die Haupthelden des Kampfes sehen, vor allen den Themistokles, der gewiss an Interesse für die Korinther dadurch nicht verlor, dass er ihrem Flottenführer so kräftig entgegengetreten war.[75] Damals fand auch das Mahl statt, bei dem Themistokles seine Gäste zu kärglich bewirtete und dadurch den Spott seines Gegners Timokreon herausforderte.[76] Als die Festtage vorüber waren und Flotte und Landheer sich aufgelöst hatten, wurde es auch in Korinth wieder ruhiger; eine Sorge aber beschäftigte die Bürgerschaft monatelang während des Winters, die Sorge um ihre Pflanzstadt Potidaia, von der schlimme Nachricht kam. Die Potidaiaten waren nämlich, als der König Xerxes fluchtartig durch Makedonien und Thrakien nach dem Hellespont eilte und die Nachricht von seiner Niederlage bei Salamis eintraf, mit den anderen Bewohnern von Pallene von den Persern abgefallen. Nun aber kehrte der tüchtige Artabazos, der den König mit 60000 Mann geleitet hatte, zurück und beschloss, weil Mardonios ihn und sein Korps erst im Frühling brauchte, die Wintermonate zur Bezwingung und Bestrafung der abgefallenen Städte zu verwenden. Das ebenfalls verdächtige Olynth war bald bezwungen und der Perser wandte sich nun mit ganzer Macht gegen Potidaia; schon dauerte die Belagerung drei Monate, schon war eine Vorstadt mit dem Poseidonheiligtum den Feinden in die Hände gefallen, schon hatte Artabazos Verbindungen mit einem Verräter angeknüpft, da rettete ein Naturereignis ähnlich dem, das einst dem Pharao auf seiner Verfolgung der Juden verhängnisvoll wurde, die hart bedrängte Stadt. Diese lag gerade auf dem Isthmos, der die Halbinsel Pallene mit der Chalkidike verbindet, und sperrte die ganze Breite von Meer zu Meer. Nun hatte der Nordwind (wie Busolt vermutet) einen Streifen am Strand, den sonst das Meer überflutete, trocken gelegt und die Perser versuchten auf diesem Streifen an der Stadt vorbeizukommen und sich auf ihrer Südseite festzusetzen. Aber mitten auf dem Marsch wurden sie von der Flut überrascht: viele ertranken, andere wurden von den Potidaiaten von Kähnen aus getötet und Artabazos hob die Belagerung auf.[77] Ob die Mutterstadt versucht hat ihrer Kolonie irgend welche Hilfe zu bringen, wissen wir nicht; dass die Korinther aber von der Lage der Dinge Kunde erhielten und ihre Blicke mit ängstlicher Spannung nach dem Kriegsschauplatze gerichtet waren, ist als sicher anzunehmen. Im März 479 kam endlich die Nachricht von der Aufhebung der Belagerung, aber bald nahmen neue Sorgen die Korinther in Anspruch.

Die Frühlingsmonate des Jahres 479 wurden ausgefüllt mit Versuchen des Mardonios durch Versprechungen oder Bestechungen den Widerstand der Griechen zu brechen und unter den mildesten Bedingungen einen Zustand herbeizuführen, der ihm gestattete sich dem Xerxes als den Mann vorzustellen, dem die Unterwerfung von Hellas gelungen wäre.[74] Nach Ephoros-Diodor versuchte Mardonios von Boiotien aus, wohin er etwa Ende Mai eingerückt war, einige Städte des Peloponnes durch Geld, das er den Behörden schickte, von der hellenischen Sache abwendig zu machen.[79]

75. 8. 123. — 76. Plut. Them. 21. Erklärt von A. Bauer, Themistokles 18. — 77. 8, 126—129. — 78. 8, 136—144. Vergl. auch 9, 2. — 79. Diod. 11, 28. ff.

Nach Herodot war dies nur der Rat der Thebaner, den aber Mardonios nicht befolgte. Wenn an der Sache etwas Wahres gewesen ist, so war allerdings Korinth für Mardonios eines Versuches wohl wert; denn bei der engen Verbindung, in der er mit Thebanern und anderen Griechen stand, konnte es ihm nicht unbekannt bleiben, dass im Jahre vorher die Korinther mannigfach den Athenern Widerpart gehalten hatten. Einen Erfolg hat aber dieser Versuch, wenn er überhaupt unternommen wurde, nicht gehabt.

Das Interesse der Korinther konzentrierte sich von neuem auf den Isthmoswall, der im vorigen Herbst unvollendet geblieben war, nun aber nochmals in Angriff genommen wurde.[60] Wieder arbeiteten die Peloponnesier an der Verschanzung, die bereits Brustwehren bekam, und je mehr das Vertrauen zu diesem Bollwerk wuchs, desto weniger hatten die Lakedaimonier samt ihren Bundesgenossen Lust etwas für Attika zu thun. Am eifrigsten wurde in den Tagen gearbeitet, als bereits athenische Gesandte mit dringendem Hilfsgesuch in Sparta eingetroffen waren. Als diese endlich des Wartens überdrüssig wurden und mit der Drohung scheiden wollten, sie würden sich mit dem Perser vertragen, erfuhren sie, dass bereits in der vergangenen Nacht 5000 Spartiaten und 35000 (?) Heloten nach dem Isthmos abgegangen wären. Ebendahin reisten nun auch die Gesandten, von weiteren 5000 bewaffneten Perioiken begleitet.

Ehe diese noch den Isthmos erreichten, beschloss Mardonios aus dem verwüsteten Attika nach Boiotien zurückzukehren. Bevor er aber an die Pässe des Kithairon kam, erfuhr er, dass eine Abteilung der Lakedaimonier 1000 Mann stark, die dem Heere vorausgeeilt war, sich in Megara befände. In der Hoffnung diese abzufangen, machte er eine Diversion nach Megara und erreichte damit den äussersten Punkt nach Süden, den die Perser je betreten haben. Einen Erfolg hatte er nicht, abgesehen davon, dass er Megaris verwüstete; die 1000 Lakedaimonier hatten wahrscheinlich die Stadt Megara schon erreicht. Der Einfall der Perser in Megaris brachte den Moment der grössten Gefahr für Korinth; der Feind stand nur einen Tagemarsch von der Stadt, nur einige Stunden von der Isthmosmauer entfernt; aber hier bewährte sich dieses Bollwerk. Die Nachricht, dass der Isthmos stark besetzt wäre, schreckte den Mardonios ab, den ohnehin gefährlichen Zug über das Isthmosgebirge zu wagen; er änderte seinen Plan und zog über Dekeleia nach Tanagra ins Boiotische.[61] Unterdessen erreichte die Hauptmacht der Lakedaimonier den Isthmos und lagerte sich dort; auch die Kontingente der Bundesgenossen aus dem Peloponnes sammelten sich, Korinth sah wieder ein Heer von etwa 25000 Kriegern mit Zubehör vor seinen Mauern und konnte sich nicht nur der neuerlangten Sicherheit, sondern auch des lebhaften Verkehrs freuen, den eine solche Ansammlung von Menschen notwendig hervorrufen musste. Im Juli setzte sich unter des Pausanias Führung das Heer, zu dem die Korinther selbst 5000 Mann hatten stossen lassen,[62] in Bewegung, vereinigte sich bei Eleusis mit den von Salamis herübergekommenen Athenern und rückte bis Erythrai am Nordabhang des Kithairon vor. Zunächst nahm nun das korinthische Kontingent Anteil an den Märschen und Kämpfen vor der Schlacht. Die Hellenen, sagt Herodot,[63] litten unter den

---

60. 9, 7, 8. Polyaen V, 30. Der eigennützige Eifer der Peloponnesier von Späteren öfter getadelt. Isocr. paneg. 93. Ael. Aristid. II, 255 (Diod.). — **61** 9, 13. 15. Dass auch die anderen Pässe mitbenutzt worden, vermutet H. Delbrück 144. — **62**. 9, 28. Delbrück (161) lässt wenigstens die Gesamtzahl des griechischen Heeres, wie sie Herodot angiebt, als „nicht unwahrscheinlich" gelten, Beloch (Bevölkerung 8. 119) dagegen streicht von den 38700 Hopliten etwa ein Drittel und sieht dementsprechend auch die einzelnen Posten für „übertrieben" an. Speziell die 5000 Korinther reduziert er (Fleckeis Jahrb. 1888, 527) auf höchstens 3—4000 unter Bezugnahme auf andere bei Thukydides erhaltene Angaben über die Stärke späterer korinthischer Aufgebote. Gegen beide polemisiert Hauvette 461. R. Adam (S 33) meint, Herodot habe rund 40000 Krieger gerechnet und davon 10000 ($\frac{2}{6}$) den Lakedaimoniern, je 15000 ($\frac{3}{8}$) den peloponnesischen Bundesgenossen und den Nichtpeloponnesiern zugewiesen, von den peloponnesischen Bündnern gab er dann wieder ein Drittel (5000) den Korinthern. Vergl. auch Holm, Gr. Gesch. II, 87 und Busolt II, 729. — **63**. 9, 20. Will man überhaupt eine Schilderung des Verlaufes der Schlacht geben, so kann man nur dem Bericht Herodots folgen (Duncker 7, 338 Anm.), auch wenn man die mannigfachen Bedenken

Angriffen des Masistios und seiner Reiter, also alle Hellenen, wenn auch die Megarer und Athener am meisten beteiligt waren. Dann als der glückliche Kampf mit den persischen Reitern und der Fall des Masistios die Griechen ermutigt hatte, zog das ganze Heer in die Ebene von Plataiai und lagerte sich nach Völkerschaften; die Lakedaimonier mit den Tegeaten und die Athener bildeten die beiden Flügel, auf die man überhaupt in der Regel die leistungsfähigsten Truppen stellte. Alle anderen machten zusammen das Centrum aus; die Korinther bildeten davon wieder das äusserste Ende nach rechts, so dass sie mit den Tegeaten Fühlung hatten. Von den Kolonien der Korinther hatten sich mit besonderer Erlaubnis des Pausanias 300 Potidaiaten dem Kontingent der Mutterstadt angeschlossen, während die 500 Ambrakioten und die 800 Leukadier und Anaktorier weiter links mehr in der Mitte des Centrums standen.[64] Von den 38700 Schwerbewaffneten im Ganzen bildeten die Korinther allein reichlich den achten Teil, mit den Mannschaften der Pflanzstädte aber mehr als ein Sechstel. Ausserdem rechnet Herodot noch auf jeden Hopliten einen Diener; gilt das auch von den Korinthern, so wären diese mit dem stattlichen Aufgebot von 10000 Mann ins Feld gezogen; doch dürfte diese Zahl wohl etwas zu hoch gegriffen sein. Gegenüber standen den Korinthern die Meder, wie den Spartanern die Perser.

In dieser Aufstellung, welche nach Nordosten gerichtet vom Asopos bis zur Quelle Gargaphia am Abhange des Kithairon reichte, verharrten die Griechen zehn Tage, ohne dass etwas von Bedeutung geschah. Nur liess Mardonios in der neunten Nacht durch seine Reiterei einen Proviantzug aus dem Peloponnes abfangen, der gerade über den Eichenhäupterpass des Kithairon herabkam. Dass bei den niedergehauenen Mannschaften und den verlorenen Zugtieren die Korinther als Äusserster peloponnesischer Staat, von dem aus der Zug zuletzt abgegangen war, zum Teil oder vielleicht in hervorragendem Grade beteiligt waren, lässt sich wieder mit ziemlicher Wahrscheinlichkeit schliessen; denn Korinth besass wie in späterer Zeit[85] so gewiss schon damals reichlich Saumtiere, welche die Waaren über die Berge in das Binnenland weiterschafften, und die Getreideschiffe aus dem Pontus, die Xerxes am Hellespont sah,[86] werden mutmasslich ihre für den Peloponnes bestimmte Fracht in Korinth gelöscht haben.

Am Tage vor der Schlacht wechselten die Lakedaimonier und Athener zweimal den Flügel, so dass die Korinther eine Zeitlang Nachbarn der Athener wurden, schliesslich aber war die Reihenfolge der Völkerschaften wieder dieselbe wie anfangs. Mardonios sah in diesen Bewegungen ein Anzeichen von Furcht und Schwäche und liess seine Reiter, wie Herodot hervorhebt,[87] gegen die ganze Front der Hellenen vorgehen, that ihnen auch durch Pfeilschüsse mancherlei Schaden. Es wäre merkwürdig, wenn die zehntausend Korinther dabei gar keine Verluste gehabt hätten. Das muss aber hier hervorgehoben werden, weil die Korinther dadurch, selbst wenn sie, wie Herodot sagt, an der Hauptschlacht keinen Anteil nahmen, das Anrecht erwarben, ehrenvoll auf den Siegesdenkmälern genannt zu werden und einen Grabhügel ihrer Toten aufzuwerfen.

Ausdrücklich erwähnt werden die Korinther erst bei der taktischen Bewegung, die das Heer der Griechen in der Nacht vor dem Schlachttag vornahm. Der Feldherrnrat bei Pausanias,

gegen seine Darstellung, wie sie Delbrück III und Rudolph II flg. geltend gemacht haben, vollkommen würdigt. — 84. 9, 28. Erwägungen allgemeiner Art, wie die, dass die Potidaiaten damals mit der Verteidigung ihrer eigenen Stadt genug zu thun gehabt hätten (Beloch a. a O), scheinen mir nicht zu genügen, um ihre Teilnahme am Kampfe bei Plataiai zu bezweifeln. Herodot muss doch über sie eine ganz spezielle Quelle gehabt haben, weil er sie, ohne in der Reihenfolge der Staaten auf der Dreifussinschrift dazu einen Anlass zu finden, im unmittelbaren Anschluss an die Hopliten ihrer Mutterstadt kämpfen lässt, während die Streiter aus den anderen korinthischen Kolonien ihre besonderen Plätze hatten. Welches Motiv sollte Herodot gehabt haben, dieses doch ganz unwesentliche taktische Detail zu erdichten? Übrigens stimmt dieser enge Anschluss an die Korinther gut zu der anderweitigen Nachricht, dass Potidaia überhaupt in einem engeren Verhältnisse zur Mutterstadt geblieben war und noch 40 Jahre später den Korinthern gestattete, durch Absendung der sogenannten Epidemiurgen Einfluss auf die inneren Angelegenheiten ihrer Kolonie zu üben (Thuk 1, 56, 2) — 85. 9, 34, 39. Xenoph. hell. 7, 2, 17. — 86 7, 147. — 87. 9, 49.

in dem Korinth wohl durch Kleokritos vertreten war, hatte beschlossen aus der durch Wassermangel und feindliche Reiterangriffe unhaltbar gewordenen Stellung zwischen dem Asopos und der Gargaphia sich eine halbe Stunde weit in der Richtung nach Plataiai zurückzuziehen und zwischen den Bächen, die das Flüsschen Oeroe bilden, auf der sogen. „Insel" eine neue Aufstellung zu nehmen. Da soll nun, als die für den Aufbruch bestimmte Nachtstunde gekommen war, das Centrum, noch in Furcht vor der feindlichen Reiterei, in fluchtartigem Rückzug über die „Insel" hinausgegangen sein und sich erst eine halbe Stunde jenseits der Oeroe unter den Mauern des zerstörten Plataiai bei einem Heraheiligtum gelagert haben.⁸⁸ Dabei waren nun auch die Korinther. Unterdessen wurden die Lakedaimonier durch die Widerspenstigkeit eines spartanischen Obersten, der vor dem Feinde nicht fliehen wollte, beim Abzug aufgehalten, auf halbem Wege von den nachrückenden Persern eingeholt und zum Kampfe gezwungen, während die Athener, als sie den Lakedaimoniern auf deren Bitte zu Hilfe eilen wollten, weiter westlich von den hellenischen Bundesgenossen der Perser, besonders den Thebanern, in ein Treffen verwickelt wurden. Beide räumlich von einander getrennte Kämpfe endeten siegreich. Erst als die Perser schon flohen und die Spartaner verfolgten, erhielten nach Herodot⁸⁹ die Bundesgenossen am Heraion die Nachricht von der Schlacht und dem Sieg und eilten nun vorwärts voll Begierde noch mit einzugreifen, die Korinther über die Höhen nach Nordost hin um den rechten Flügel zu unterstützen, die Megarer und Phliasier mit anderen in die Ebene hinab um den Athenern zu helfen.

Was von dieser Nachricht zu halten sei, haben schon Wecklein und Busolt⁹⁰ dargelegt; die Geschichte vom Zuspätkommen der Korinther sieht der von ihrer Verspätung bei Salamis verdächtig ähnlich; die Entfernungen waren so gering, dass es unglaublich ist, dass die Korinther am Heraion von dem lange währenden Kampfe in der Entfernung von etwa einer halben Stunde nicht so sollten Nachricht erhalten haben, dass sie rechtzeitig eintreffen konnten. Dem möchte ich noch hinzufügen, dass auch der Rückzug der Bundesgenossen über die „Insel" hinaus nicht zu streng beurteilt werden darf; es war Nacht, sie waren zuerst abgezogen, die Insel, noch nicht 10 Minuten breit, bot schwerlich Raum für das ganze Heer, so dass sich doch ein Teil ausserhalb lagern musste. Herodot ist wohl auch hier einer Quelle gefolgt, die die kleinen Kontingente mit einer gewissen Geringschätzung und die Korinther mit Abneigung betrachtete. Die Athener hatten zu dieser Auffassung ein gewisses Recht; denn sie hatten sich, nach Herodots Darstellung wenigstens, in jeder Beziehung als Muster gezeigt und hervorragende Tapferkeit, Selbstlosigkeit und Disziplin bewiesen; aber Pausanias hätte, ehe er die Bundesgenossen so hart anklagte,⁹¹ sich erinnern sollen, dass die Spartaner ebenfalls Attika preisgegeben hatten und dass sein eigenes Auftreten während des Feldzugs, die ängstliche Scheu den Persern gegenüberzutreten, das Preisgeben der Quelle Gargaphia, die Disziplinlosigkeit in seinem Heer ihn nicht zu einer strengen Beurteilung anderer berechtigte.

Mag also auch der Rückzug des Centrums nicht ganz korrekt gewesen sein, ein Verrat kann es keinesfalls genannt werden, wenn die Bundesgenossen in jener aufregungsreichen Nacht eine halbe Stunde zu weit zogen, und ebenso möchte ich annehmen, dass die Korinther mit ihrem Gefolge noch rechtzeitig bei den Spartanern eintrafen und mindestens an der Verfolgung und Erstürmung des persischen Lagers einen rühmlichen Anteil nahmen. Dafür spricht auch, dass ihr Führer Kleokritos in der Lage war bei der Verteilung des Siegespreises gleichsam als Schiedsrichter aufzutreten, was dem Vertreter eines besonders feigen Kontingents wohl kaum hingegangen

---

⁸⁸ 9, 52. — ⁸⁹ 9, 69. — ⁹⁰ Über die Tradition der Perserkriege S. 304 u. 314. Griech. Gesch. II, 730 A. 3. Delbrück 118. Hauvette (479) verteidigt auch hier die Erzählung Herodots; dieser, der für Salamis die Korinther ausdrücklich in Schutz nähme, würde das auch für Plataiai thun, wenn er nicht für ihren Rückzug in dieser Schlacht sichere Beweise gehabt hätte. Das ist doch wohl etwas zu subtil. — ⁹¹ 9, 60: ἠρωλίθμεθα ὑπὸ τῶν συμμάχων ὑπὸ τὴν παροιχομένην νύκτα διαδράντων.

wäre. Es geschah dies nach Plutarch[92] unmittelbar nach der Schlacht, als die Athener und Spartaner sich über die Errichtung eines Siegeszeichens entzweiten. Mit Mühe brachte es Aristeides dahin, dass die Entscheidung des Streites den Griechen überlassen wurde. In der dazu berufenen Versammlung der Griechen, das soll doch wohl heissen der Feldherrn, die das Synedrion bildeten, erklärte sich nun zuerst der Megarer Theogeiton dafür einer anderen Stadt als Athen und Sparta den ersten Siegespreis zuzuerkennen; nach ihm erhob sich der Korinther Kleokritos und jedermann erwartete, er würde die umstrittene Ehre für seinen Staat in Anspruch nehmen; er beantragte aber in einer beifällig aufgenommenen Rede, die Plataier mit dem Siegespreis zu ehren. Sogleich trat Aristeides diesem Vorschlage bei, nach ihm auch Pausanias, und der Zwist war beigelegt. Wir wissen allerdings nicht, woher Plutarch diese Nachricht schöpfte;[93] dass aber Korinth als drittmächtigster Staat der Eidgenossenschaft am ersten berufen war bei einer Rivalität der Vormächte zu vermitteln, liegt auf der Hand, und ich sehe keinen Grund, diesen oder einen ähnlichen Verlauf der Dinge zu bezweifeln. Plutarch bekämpft hier indirekt die Darstellung Herodots; denn wenn beim Auftreten des Kleokritos alle glaubten, er würde den Preis für die Korinther verlangen, so können die Korinther unmöglich in der Schlacht eine so traurige Rolle gespielt haben, wie Herodot sie sie spielen lässt. Das stimmt ganz überein mit der direkten Polemik Plutarchs gegen Herodot im vorhergehenden Kapitel. Er hatte irgendwo gefunden, dass in der Schlacht bei Plataiai im ganzen 1360 Griechen gefallen wären; bei Herodot beziffert sich aber der ganze Verlust auf 91 Lakedaimonier, 16 Tegeaten und 52 Athener, in Summa 159. Folglich, schliesst Plutarch, sind auch die anderen Griechen zum Gefecht gekommen und der Ruhm des Sieges gebührt der gesamten Eidgenossenschaft. Dies wird auch dadurch nicht erschüttert, dass Plutarch im 17. Kapitel den ungeordneten Rückzug der Bundesgenossen bis unter die Mauern von Plataiai indirekt zugiebt. Er nennt zwar die Bundesgenossen nicht ausdrücklich; da aber Lakedaimonier und Athener ausgenommen werden, so bleiben eben nur die Kleineren übrig. Aber ebenso wahrt er ihnen im folgenden ihren Anteil an der Schlacht. Pausanias, so erzählt er, vergass beim Anrücken der Perser in seiner Aufregung über den Widerstand des Amompharetos „den Griechen" das verabredete Zeichen zu geben; deshalb kamen diese nicht sogleich und nicht in geschlossenen Reihen, sondern vereinzelt, als die Schlacht schon im Gange war, zu Hilfe. In der Schrift endlich über Herodots Böswilligkeit[94] weist Plutarch ganz ebenso wie vorher bei der Schlacht von Salamis auf Stellen in einem Gedicht des Simonides[95] hin, das weder in Korinth vorgetragen wurde, noch von den Korinthern bestellt war und doch ihrer Tapferkeit bei Plataiai ehrend gedenkt.

Die Verse lauten:

Und in der Mitte die Helden von Ephyras reichlichen Quellen,
Jeglicher Tapferkeit kundige Männer im Krieg.
Sie, die Korinthos, die Stadt von Glaukos gegründet, bewohnen,
Die sich aus lauterem Gold, herrlich vom Äther beglänzt,
Aufgerichtet ein Mal von dem, was sie thaten, das weithin
Neben dem eigenen Ruhm den ihrer Väter bezeugt.

Er macht weiter geltend, dass die Korinther auf den Siegesdenkmälern eingeschrieben waren und — ohne die Korinther besonders zu nennen — dass Herodots Behauptung, die Bundesgenossen hätten leere Grabhügel aufgeschüttet, um dadurch ihren Anteil an der Schlacht zu beweisen, böswillige Verleumdung sei. — Alle diese Beweise sind nicht zwingend; denn die Differenz bezüglich der Gefallenen könnte sich z. B. daraus erklären, dass Herodot nur die Hopliten, bei den Spartanern vielleicht nur die Spartiaten zählte, der Gewährsmann des Plutarch aber auch die Leichtbewaffneten, oder dass in den 1360 auch die in den Kämpfen des vorhergehenden Tages Gebliebenen

92. Arist. 20. — 93. Nach Busolt II, 739, 8 aus Idomeneus, nach H. Rose de Arist. Plut. font. 33 und F. Rudolph 30 aus boiotisch-plataiischer Ortssage. Vergl. auch Anm. 60. — 94. cap. 42. — 95. Bergk⁴ p. 1. fr. 84.

mit einbegriffen waren. Die Anteilnahme an diesen vorläufigen Gefechten würde auch für die Aufzeichnung der Korinther auf den Siegesdenkmälern und Weihgeschenken, für ihre Erwähnung in Simonides' Lied und für das Vorhandensein eines Grabes genügen, aber es spricht sich doch in diesen Versuchen des Plutarch die Korinther zu retten das richtige Gefühl aus, dass Herodot in seinem Schlachtbericht sich zu sehr von der in Athen umlaufenden Tradition hat beeinflussen lassen und den Mittel- und Kleinstaaten, an deren Spitze nun eben Korinth steht, nicht völlig gerecht geworden ist. Auch Ephoros-Diodor[96] sagt nichts von dem fluchtartigen Rückzug des Centrums; er erwähnt die kleinen Kontingente in der Schlacht nicht, lässt aber, nachdem die Entscheidung durch die Lakedaimonier gefallen ist, die Korinther mit den Sikyoniern, Phliasiern und anderen dem fliehenden Artabazos nachsetzen. Dann begraben die Griechen ihre Toten, deren mehr als 10000 waren, verteilen die Beute nach dem Verhältnis der gestellten Soldaten und erkennen den Spartanern und dem Pausanias den Preis der Tapferkeit zu. Ephoros hat also hier nicht, wie sonst vielfach in der Geschichte der Perserkriege, die Darstellung Herodots mit Ausschmückungen wiedergegeben, sondern weicht in der Zahl der Toten stark ab und giebt über das Preisgericht, das Herodot gar nicht kennt, eine selbständige von Plutarchs Darstellung abweichende Nachricht. Nach dem Siege bei Plataiai zogen die Korinther mit dem übrigen Heere vor Theben und Pausanias erzwang nach zwanzig Tagen die Auslieferung der Häupter der persischen Partei. Dann wurden die Kontingente, wie es scheint, noch vor Theben entlassen. Die Korinther kehrten mit ihrem Beuteanteil an Gold, Silber, Weibern und Zugvieh in die Heimat zurück. Auch Pausanias berührte die Stadt auf seinem Heimzug und liess die ausgelieferten thebanischen Aristokraten dort hinrichten.[97] Am Isthmos aber ward nach einiger Zeit eine sieben Ellen hohe Poseidonsstatue aus Erz aufgestellt, zu der die Eidgenossen noch vor Plataiai das Material aus der Beute ausgesondert hatten;[98] die Korinther sahen hier ihren Namen an dritter Stelle eingegraben, wie er auch an der Basis des goldenen Dreifusses in Delphi und am ehernen Zeuskoloss in Olympia Zeugnis dafür ablegte, dass nächst Sparta und Athen die Korinther die erste Stelle im Freiheitskampfe eingenommen hatten.[2] Ja die Liste lässt sogar eine gewisse Gleichstellung der drei Staaten im Range durchblicken; denn wie nach den drei ersten Namen zunächst die kleineren Glieder des peloponnesischen Bundes, dann in einer zweiten Gruppe die späteren Bundesgenossen der Athener folgen, so bilden die Potidaiaten, Leukadier, Anaktorier und Ambrakioten gegen den Schluss hin eine geschlossene Gefolgschaft ihrer Mutterstadt Korinth, die sich so ebenbürtig den Grossstaaten anschliesst.[99]

Ein günstigeres Zeugnis stellt Herodot den Korinthern für ihr Verhalten beim Seekrieg aus. Noch vor der Zusammenziehung des Landheeres nämlich hatte sich im Frühling 479 zu Aigina eine Flotte von 110 Schiffen gesammelt,[100] zu der die Korinther einen nicht näher bekannten Beitrag gestellt hatten. Führer waren der Spartanerkönig Leotychides und der Athener Xanthippos, der Vater des Perikles. Diese Flotte war zum Schutz der griechischen Küsten bestimmt, da man ja nicht wissen konnte, ob der Perserkönig die Operation des Mardonios nicht nochmals durch eine Schiffssendung unterstützen würde. Auf die Einladung einiger aus Chios geflüchteter Ionier, die in Sparta und dann in Aigina erschienen waren, segelte die griechische Flotte bis Delos; weiter aber war sie nicht zu bringen, nach Herodots Angabe,[101] weil man die Gegend nicht kannte, Samos für so weit entfernt hielt als die Säulen des Herakles und glaubte, alles sei voll von Kriegsvolk. Natürlich sind die beiden ersten Gründe hinfällig, ja lächerlich; den ganzen Schiffsverkehr zwischen Hellas und Kleinasien war mehr als ein halbes Jahrtausend alt. Es klingt eine gewisse Ironie aus den Worten des Herodot heraus und die Vermutung liegt nahe, dass diese hier allen Griechen zugeschriebene Stimmung vielmehr die war, welche die Athener bei den Peloponnesiern vorfanden. Die Spartaner,

96. XI, 32. — **97.** 9, 88. — **98.** 9, 81. — **99.** Hierüber besonders A. v. Domaszewski, Beitr. z. Gesch. d. Perserkriege in den Neuen Heidelberger Jahrb. 1 (1891), 161 ffg. — **100.** 8, 131. — **101.** 8, 132. Über das Wunderliche dieser Vorstellung K. W. Nitzsch, über Herodots Quellen f. d. Gesch. d. Perserkriege im Rhein. Mus. 1872, 226.

Korinther und andere waren nun einmal von dem Gedanken erfüllt, dass der Schutz des Peloponnes ihre Hauptaufgabe wäre; auch muss man sich erinnern, dass die beiden genannten Staaten zu einer Zeit, auf die sich ihre Alten noch besinnen konnten, den unglücklichen Seezug gegen das Samos des Polykrates unternommen hatten. Es war daher begreiflich, dass sie unter diesen Umständen Abneigung hatten in diesen Gewässern sich auf Seekämpfe einzulassen, bei denen ihnen nicht die gleichen Vorteile wie bei Salamis zur Seite gestanden haben würden. Von den Gründen, die sie gegen die Weiterfahrt vorbrachten, liess sich wenigstens der eine hören: sie konnten wirklich in Kleinasien erwarten, starke persische Truppenmassen vorzufinden.[102] Von der Mutlosigkeit aber, die bei den Feinden herrschte, hatten sie natürlich keine sichere Kunde. Dass von dieser Stimmung alle Griechen auf der Flotte beherrscht gewesen wären, sagt allerdings Herodot; es ist aber schwer zu glauben, dass die unternehmungslustigen Athener, die erst vor zwanzig Jahren mit ihren kleinasiatischen Stammesgenossen bis Sardes vorgedrungen waren, jetzt nun auf einmal so zaghaft gewesen wären. Ich meine, dass die vorsichtig zögernde Haltung hauptsächlich auf Rechnung der Peloponnesier kam.

Eine Änderung der Verhältnisse trat ein durch die Ankunft einer samischen Gesandtschaft, deren Haupt Hegesistratos den Abfall der von einem persischen Vasallen beherrschten Samier und überhaupt aller Ionier in Aussicht stellte, wenn die Flotte der Eidgenossen näher käme.[103] Leotychides entschloss sich dem Rufe zu folgen; nach einem feierlichen und glückverheissenden Opfer, das der Apolloniat Deiphonos darbrachte, der als Seher im Gefolge der Korinther am Feldzuge teilnahm,[104] stachen die Schiffe in See und boten an der Küste von Samos dem Heratempel gegenüber der feindlichen Flotte eine Seeschlacht an. Aber die Perser nahmen sie nicht an, sondern führten ihre Flotte nach dem Festlande, um mit dem Landheer Fühlung zu haben, und errichteten einen Ringwall für sich und die Schiffe. Als die Hellenen den Rückzug der Perser erfuhren, wuchs ihr Mut, und man entschloss sich im Kriegsrat von den drei Vorschlägen, die gemacht wurden, nämlich entweder nach Hause zurückzukehren oder nach dem Hellespont zu fahren oder gegen die Perser nach Mykale vorzurücken, den letzten, mutigsten anzunehmen. Wie die einzelnen Unteradmirale sich zu diesen Vorschlägen verhielten, wissen wir nicht.

Als die Perser auch bei Mykale sich nicht zur Seeschlacht stellten, landeten die Griechen und teilten sich zum Angriff in zwei gleich grosse Gruppen, die Korinther zogen mit den Athenern, Sikyoniern und Troizeniern längs der Küste und griffen die vor ihrer Verschanzung aufgestellten Perser an;[105] die Entscheidung schwankte längere Zeit, endlich flohen die Perser in die Verschanzung; aber die Athener mit ihren Nebenmännern drangen zugleich mit ein und fanden nur noch bei den eigentlichen Persern Widerstand; die anderen ergriffen die Flucht. Erst in dieser letzten Phase des Kampfes kamen die Lakedaimonier an, die in einer Schlucht über das Gebirge gegangen waren. Die Hauptarbeit des Tages hatten die Athener, Korinther, Troizenier und Sikyonier gethan,[106] die letztgenannten auch den grössten Verlust gehabt.

Die Beute wurde geborgen, die Verschanzung samt den persischen Schiffen verbrannt; dann fuhren die Sieger wieder nach Samos und hielten eine Beratung über das künftige Schicksal der Ionier. Hierbei trat, wie Herodot bezeugt, die verschiedene Stimmung der Peloponnesier und der Athener, die oben für die Zeit vor der Schlacht vermutungsweise angenommen wurde, deutlich zu Tage. Die Peloponnesier[107] nämlich hielten es für unmöglich, die kleinasiatischen Griechen dauernd vor der Rache des Perserkönigs zu schützen, und deshalb schlug Leotychides in Übereinstimmung mit den Ephoren, die ihn begleiteten, vor, die Ionier in das eigentliche Griechenland zu verpflanzen

---

102. Xerxes hatte zur Bewachung Ioniens den Feldherrn Tigranes mit 60000 Mann zurückgelassen. 9, 96. — 103. 9, 90. — 104. 9, 95. — 105. 9, 102. — 106. 9, 105. Der ausführliche, aber willkürliche Bericht über die Schlacht bei Ephoros-Diodor (11, 35. 36) nennt die Korinther nicht, fasst Lakedaimonier und Athener, die doch getrennt kämpften, zusammen und macht besonders das Verdienst der kleinasiatischen Griechen, der Landsleute des Ephoros, hervorzuheben. — 107. 9, 106: Πελοποννησίοισι τοῖς ἐν τέλεϊ ἐοῦσι ἐδόκεε.

und, um Platz für ihre Ansiedelung zu gewinnen, den medisch gesinnt gewesenen Griechen ihre Hafenplätze wegzunehmen; es war dabei wohl besonders an Boiotien und Argos gedacht. Dass dieser Vorschlag der spartanischen Behörden, wenn er im Ernst gemacht wurde, den Beifall ihrer Bundesgenossen aus dem Peloponnes, also auch der Korinther, hatte, möchte ich freilich bezweifeln; sie konnten nicht wünschen etwa an Stelle der Argiver Milesier oder Ephesier als Nachbarn zu bekommen. Die Athener erklärten sich jedenfalls dagegen; sie trauten sich die Kraft zu auch jenseits des aigaiischen Meeres ihre Stammesgenossen und nunmehrigen Verbündeten wirksam zu schützen und wollten überhaupt nicht, dass Dorer über Ionier beschlössen. So blieben die kleinasiatischen Griechen in ihrer Heimat und wurden stillschweigend dem Schutze der Athener anheimgestellt, die Inselbewohner aber, voran die Samier, Chier und Lesbier, traten förmlich der Eidgenossenschaft bei und wurden in Eid und Pflicht genommen.

Von Samos segelten die korinthischen Schiffe mit der ganzen Flotte nach dem Hellespont, um die Brücke des Xerxes zu zerstören; sie fanden aber bei ihrer Ankunft in Abydos, dass Sturm und Wellen ihnen bereits zuvorgekommen waren.[108] Damit war die Aufgabe der Flotte gelöst und die Peloponnesier kehrten in ihre Heimat zurück; etwa im September[109] mag die korinthische Flottenabteilung wieder in Kenchreai eingelaufen sein. Die Athener aber, die am Hellespont von alters her Interessen zu verteidigen hatten, blieben und belagerten Sestos.

Die Rolle der Korinther in den Perserkriegen also war die: sie schlossen sich von vorn herein den zum Widerstand entschlossenen Griechen an und nahmen als drittgrösster Staat und als Sitz des Kriegsrates eine wichtige Stelle in der Eidgenossenschaft ein; sie stellten Landtruppen und Schiffe und waren an den fünf grossen Kämpfen der Jahre 480 und 479 beteiligt, wobei im allgemeinen die Flottenmannschaft mehr Ruhm gewann als die Landtruppen. Denn an der Erstürmung des persischen Lagers bei Mykale nahm das korinthische Kontingent hervorragenden Anteil, bei Artemision und Salamis kämpfte es nicht schlechter als der Durchschnitt; bei Thermopylai aber griffen die Korinther nur vor, bei Plataiai nur nach der Entscheidung mit ein. Es dürfen deshalb auch die Verluste der Stadt an Menschenleben nicht eben hoch veranschlagt werden, die Annahme von 1000 gefallenen Bürgern scheint mir eher zu hoch als zu niedrig. Im Kriegsrat hielten die Korinther zumeist den Athenern Widerpart und konnten sich nicht von der speziell peloponnesischen Politik zu einer panhellenischen erheben. — Über die inneren Verhältnisse der Stadt hören wir aus dieser Zeit gar nichts; es ist aber nicht wahrscheinlich, dass sich, wie in Athen, während des Krieges auch Parteikämpfe abgespielt haben; diese waren überhaupt in Korinth selten, und es ist anzunehmen, dass die Wortführer der Korinther, wie Adeimantos während des Jahres 480, die Stimmung der ganzen Bevölkerung ausdrückten und deshalb nicht, wie Themistokles, zu fürchten brauchten gelegentlich von ihren eigenen Mitbürgern im Stich gelassen und bei Seite geschoben zu werden.

---

[108] 9, 114. — [109] Über die Zeit der Schlacht bei Plataiai Busolt II, 725, Anm. 4. Er kommt zu dem Resultat, dass sie früher anzusetzen sei als man gewöhnlich thue, nämlich Anfang August. Bei Mykale wurde nicht viel später gekämpft (vergl. S. 747 Anm. 2), also Mitte August; die Fahrt nach dem Hellespont, wo die Griechen zwar eine Zeitlang bei Lekton aufgehalten wurden, aber dann weiter nichts zu thun fanden, kann mit der Rückkehr kaum mehr als 4—6 Wochen erfordert haben. Dazu stimmt auch, dass die Athener bereits einige Zeit Sestos belagerten, als das φθινόπωρον eintrat, dessen Beginn auf den 21. September gesetzt wird. Dieser Spätherbst, bei Thuk. 2, 31 ein Teil des Sommers, erlaubte noch Feldzüge zu Lande, machte aber der Schiffahrt ein Ende (4, 42). H. Stein zu Her. 9, 114 liest wie schon Ephoros (Diod. 11, 37) aus Thuk. I, 89 heraus, dass Leotychides mit den Bundesgenossen gar nicht mit nach dem Hellespont gefahren, sondern von Samos direkt nach Hause zurückgekehrt wäre; doch ist diese Auffassung der Worte nicht gerade nötig und gegen sie scheint mir das ὑποχωρήσαντες zu sprechen; die Athener und Ionier blieben an der Stelle, von der aus die Peloponnesier heimfuhren, nämlich am Hellespont.

II. Korinth während der Pentekontaetie bis zum dreissigjährigen Frieden.

Die Geschichte Korinths während der 48 Jahre zwischen dem Ende des persischen und dem Anfang des peloponnesischen Krieges (479—431) wird fast ausschliesslich durch das Verhältnis der Stadt zu dem mächtig aufstrebenden Athen bestimmt. Die Bemühungen der Korinther sind in diesem Zeitraum nur darauf gerichtet Athen in seiner weiteren Entwickelung zu hindern und, als dies nicht gelingt, sich der mehr und mehr zur Geltung kommenden Übermacht der Athener zu erwehren. Korinth sucht die Schädigung seiner Nebenbuhlerin zunächst durch Aufreizung des Vorortes Sparta zu erreichen; als dieses Bemühen erst wegen der ungeschickten diplomatischen Aktion Spartas, später wegen seiner Schwächung durch Naturereignisse und den Aufstand der Messenier nicht von Erfolg gekrönt ist, bilden die Korinther mit benachbarten Staaten gegen Athen einen Sonderbund, der zu den Waffen greift und die Athener zu Wasser und zu Lande mit wechselndem Erfolge bekämpft (458—450). Auch nach wiederhergestelltem Frieden können sich die Korinther nur wenige Jahre (445—434) der Ruhe erfreuen; denn gerade sie treffen an zwei Stellen ihres Kolonialgebietes zuerst wieder feindlich mit den Athenern zusammen und geben, durch die Not gedrängt den peloponnesischen Bund zu ihrer Hilfe aufzurufen, das Signal zu dem langen Kriege (431—404), der ihnen in seinem Verlauf zahlreiche Opfer auferlegte und vielerlei materielle Schädigung brachte, an seinem Ende aber zwar die Befriedigung gewährte zur siegenden Partei zu gehören, aber zugleich Zustände schuf, die über kurz oder lang zu einem Bruch mit dem bisher verbündeten Sparta und damit, weil das Stadtgebiet zugleich Kriegsschauplatz war, zu einer der unglücklichsten Perioden korinthischer Geschichte (394—387) führen mussten. —

Wie für die Geschichte ganz Griechenlands während der Pentekontaetie, so sind auch speziell für Korinths Anteil daran Thukydides und Diodor die Hauptquellen. Dazu kommen noch Plutarch in den Lebensbeschreibungen von Themistokles, Kimon und Perikles, Herodot und Pausanias an einzelnen Stellen und die schon früher erwähnte Ode sowie ein Fragment von Pindar. —

Bis zu den Perserkriegen waren die einzigen bedeutenden Seemächte von Griechenland Aigina, Korinth und Kerkyra gewesen. Einige Jahre der Vorbereitung und der zweijährige Zeitraum des Kampfes selbst hatten genügt die athenische Flotte bei weitem an die erste Stelle zu rücken, und während das abgelegene Kerkyra weniger unter dieser Verschiebung der maritimen Machtverhältnisse litt, sahen sich die Korinther und Aigineten mit innerem Grolle von der ionischen Vormacht überholt und wendeten sich bei der ersten Gelegenheit gemeinsam an Sparta, um die weitere Entwickelung Athens zu hemmen. Das Verhältnis Korinths zu den beiden Nachbarstaaten war dadurch in kürzester Zeit ein gerade umgekehrtes geworden; denn während vor wenigen Jahren Korinth und Athen gemeinsam gegen Aigina gewirkt hatten, klagten jetzt Korinther und Aigineten gemeinsam die Athener in Sparta an. Den Anlass bot der Mauerbau in Athen. Die Athener schickten sich i. J. 479/8 eifrig an, ihre von den Persern zerstörte Stadt wiederaufzubauen und zugleich die Mauer, die bis auf die Pisistratidenzeit bestanden hatte, von den Tyrannen aber abgebrochen worden war,[1] in weiterem Umkreis zu erneuern. Das aber wollten die genannten Bundesgenossen der Spartaner und, von ihnen bearbeitet, diese selbst womöglich hintertreiben. Denn ein

---

1. Die Ausführungen von Wilamowitz (Kydathen 97) überzeugen mich, dass wir uns das Athen der Perserkriege mit Herodot als unbefestigt zu denken haben und die dieser Annahme widersprechenden Stellen teils anders interpretieren, teils unberücksichtigt lassen müssen. Bei Thuk. I, 89, 3 wird freilich jeder unbefangene Leser zunächst an eine Zerstörung der Mauern sowohl wie der Häuser durch die Perser denken; aber ausgeschlossen ist eine frühere Abtragung der Mauern durch den Wortlaut nicht, und die nächsten Kapitel scheinen diese Erklärung zu unterstützen. Es ist immer wie von einem Neubau die Rede (ἀναβ ᾠκία καὶ τὰ ἄστεως ἔδη τὴν λοιπὴν πόλιν τείχος ἔχειν), und der im anderen Falle sehr natürliche Hinweis darauf, dass Athen ja nur einen bisher bestehenden Zustand wiederherstellen wolle, fehlt ganz. Andok. I, 108 und Nepos Milt. 4 sind kaum beweiskräftig.

ungeschütztes Athen war immer, wie sich 480 und 479 gezeigt hatte, in gewissem Grade von den Peloponnesiern abhängig; ein wohlummauertes dagegen konnte bei einem nochmaligen Perserangriff oder bei sonstigen Kämpfen zugleich einer Belagerung trotzen und seine Überlegenheit auf dem Meere zur Geltung bringen. Das entging natürlich den Spartanern nicht, und sie hätten es lieber gesehen, wenn keine Stadt nördlich vom Isthmos Mauern gehabt hätte. Besonders aber liessen sie sich, wie Thukydides[2] sagt, durch das Drängen ihrer Bundesgenossen zum diplomatischen Einschreiten bestimmen. Diese nicht näher bezeichneten Bundesgenossen waren vor allem die Korinther und Aigineten. Von den letzteren erzählt Plutarch wohl nach Theopomp,[3] sie hätten den Poliarch ausdrücklich nach Sparta geschickt um Beschwerde über Athen zu führen. Dass die Korinther das Gleiche thaten, ist als sicher anzunehmen; denn wenn nach den Worten des Thukydides von einer Mehrzahl die Rede ist, so waren die Korinther die nächstbedrohten und werden deshalb zuerst sich gerührt haben. Erfolg hatte freilich ihr Bemühen nicht; es gelang der Schlauheit des nach Sparta gesendeten Themistokles trotz neu einlaufender Nachrichten, die den Fortgang des Mauerbaues bestätigten, die Spartaner so lange hinzuhalten, bis ein bewaffnetes Einschreiten wegen der bereits erreichten Höhe der Mauer unmöglich war. Die Gefühle, mit denen die Korinther von dieser Angelegenheit schieden, dürften folgende gewesen sein: vermindertes Zutrauen zu der Thatkraft und der diplomatischen Geschicklichkeit ihres Vorortes Sparta,[4] steigende Abneigung gegen das siegreich gebliebene Athen, neuerwachender Hass gegen den Mann, der ihnen schon während des Krieges manche bittere Wahrheit gesagt hatte und jetzt ohne Rücksicht auf ihre Interessen für die Grösse seines Vaterlandes thätig war. — Die ganze Intervention Spartas ist neuerdings bezweifelt und der Glaube, den sie noch immer findet, als „ein charakteristisches Beispiel für unseren Mangel an Kritik Thukydides gegenüber" bezeichnet worden.[5] Ich kann mich dieser Meinung nicht anschliessen, weil es mir ganz unmöglich erscheint, dass Thukydides, der doch den Ereignissen bald nach den Perserkriegen zeitlich noch nahe stand und gewiss alles that um die Wahrheit zu erforschen, eine erst während oder gar nach dem Ende des peloponnesischen Krieges zum Preis des Themistokles ersonnene Anekdote als gute Überlieferung betrachtet und in sein Werk aufgenommen haben sollte. — Trotzdem standen die Athener und Korinther offiziell noch im Verhältnis der Bundesgenossenschaft und zogen sogar im Herbst 478 oder im folgenden Frühjahre — in derselben Zeit, wo Athen durch Ausbau und Ummauerung des Hafens Piräeus gewiss nicht zur Freude seiner Nachbarn einen weiteren Schritt zur Festigung seiner Seeherrschaft that — gemeinsam unter Führung des Pausanias aus um die Perser in ihren eigenen Meeren aufzusuchen. Freilich werden dabei die Korinther im besonderen nicht genannt, aber es ist doch selbstverständlich, dass unter den zwanzig peloponnesischen Schiffen, die sich mit dreissig athenischen und vielen ionischen vereinigten, auch solche von Korinth, der ersten Seestadt des Peloponnes, sich befanden. Dieses korinthische Kontingent beteiligte sich an dem erfolgreichen Seezug gegen Kypros und folgte dann dem Pausanias nach dem Hellespont. Hier aber wurde die Stellung der Peloponnesier schwierig. Pausanias begann nämlich, im Vorgefühl seiner erstrebten Alleinherrschaft als Satrap des Gross-

---

2. I, 90, 1 (im Folgenden ist bei Citaten ohne Schriftstellernamen immer Thukydides zu verstehen). Λακεδαιμόνιοι δὲ αἰσθόμενοι τὸ μέλλον ἦλθον πρεσβείᾳ τὰ μὲν καὶ αὐτοὶ ἥδιον ἂν ὁρῶντες μήτ' ἐκείνους μήτ' ἄλλον μηδένα τεῖχος ἔχοντα, τὸ δὲ πλέον τῶν ξυμμάχων ἐξοτρυνόντων καὶ φοβουμένων τοῦ τε ναυτικοῦ αὐτῶν τὸ πλῆθος, ὃ πρὶν οὐχ ὑπῆρχε, καὶ τὴν εἰς τὸν Μηδικὸν πόλεμον τόλμαν γενομένην. — 3. Themist. 19. Den Poliarch ändert A. Schäfer Rhein. Mus. 34 (1879), 618 in den aus Herodot (8, 92) bekannten Polykritos. Über die Quelle Plutarchs v. Gutschmid Kl. Schr. IV, 104. — 4. In einer Rede kurz vor Beginn des peloponnesischen Krieges (I, 68) führen die korinthischen Gesandten im Tone des Vorwurfs die unhaltbaren Verhältnisse in Griechenland darauf zurück, dass es Sparta an Einsicht in der auswärtigen Politik fehle (ἀμαθίᾳ πλέον πρὸς τὰ ἔξω πράγματα χρῆσθε) und dass es hätte nach den Perserkriegen Athen mächtig werden lassen (καὶ τούσδε ὑμεῖς αἴτιοι τό τε πρῶτον ἐάσαντες αὐτοὺς μετὰ τὰ Μηδικὰ κρατῦναι κτλ.). Ähnlich dachte man jedenfalls in Korinth schon 40 Jahre früher. — 5. J. Beloch (griech. Gesch. I, 456 A. 2).

königs, die Griechen stolz und gewaltthätig zu behandeln; das erbitterte allgemein; die Peloponnesier aber begnügten sich in Sparta Beschwerde zu führen, während die Ionier sich an die Athener mit der Bitte wendeten ihrerseits die Führung des Feldzugs zu übernehmen und etwaige Gewaltmassregeln des Pausanias abzuwehren. Ohne Zweifel befanden sich die Korinther in einer peinlichen Lage. Sie konnten das Berechtigte der Klagen nicht leugnen, waren die natürlichen Wortführer der Peloponnesier, mit denen zusammen sie doch nur einen kleinen Teil der Flotte bildeten, hatten jedenfalls Kenntnis von dem Vorhaben der Ionier, mussten aber ihrerseits alles thun um den Übergang der Hegemonie an Athen zu hintertreiben. Als auf ihre und anderer Klagen endlich Pausanias zur Verantwortung abberufen wurde, war es zu spät den Oberbefehl für Sparta zu retten. Die Stiftung des ionisch-attischen Seebundes erfolgte, die Peloponnesier blieben noch am Hellespont ohne den Anschluss an Athen mitzumachen, bis im Frühjahr 477 Dorkis aus Sparta mit einigen Spartiaten und geringer Macht als Ersatzmann für Pausanias anlangte. Dieser neue Admiral wurde aber von der attisch-ionischen Flotte nicht anerkannt und kehrte noch im Frühjahr 477 in die Heimat zurück — mit ihm die Peloponnesier, die, weil sie den Übergang der Hegemonie an die Athener nicht hindern konnten, ihrerseits für die Folgezeit auf Anteilnahme am Seekrieg gegen Persien verzichteten.[6] Auch der Verlauf dieser Angelegenheit wird in Korinth das Vertrauen zu Sparta vermindert, den Hass gegen Athen gesteigert haben.

Für die Flotte der Korinther fand sich bald eine andere Beschäftigung. Die Spartaner hatten nämlich beschlossen in Thessalien zu gunsten des dortigen Adels gegen die perserfreundlichen Aleuaden einzuschreiten, um, wenn es ihnen gelänge Thessalien von sich abhängig zu machen, von dort aus einen Druck auf Mittelgriechenland und Athen auszuüben.[7] Sie schickten ein Heer unter dem König Leotychides, welches von Korinth aus ohne Zweifel auf korinthischen Schiffen nach dem pagasaiischen Meerbusen befördert wurde. Die Anwesenheit des Spartanerkönigs in Korinth wird durch eine Anekdote verbürgt, die Plutarch[8] in seinen Quellen fand. Leotychides hatte nämlich, als er in Korinth speiste und die kunstreich getäfelte Decke im Hause seines Gastfreundes sah, gefragt, ob bei den Korinthern das Holz viereckig wüchse. Das wird nun eben im Sommer 476 gewesen sein, als Leotychides auf die Abfahrt wartete. Der Feldzug hätte erfolgreich sein können, wenn nicht Leotychides dem Gold der Aleuaden zugänglich gewesen wäre; mitten im Lager ertappte man ihn auf einem Beutel sitzend, der die Bestechungssumme enthielt. Für die Flotte der Peloponnesier aber hätte der Aufenthalt im pagasaiischen Meerbusen während des Winters 476/5 leicht gefährlich werden können. Dem Themistokles nämlich schien die Gelegenheit günstig mit einem Schlage einen Machtfaktor zu beseitigen, mit dem die Athener bei der Begründung ihrer See-

---

6. So nach Thuk. I, 94. 95, der allerdings die dorischen Bundesgenossen nur beiläufig (ξυνέβη . . . τοῖς ξυμμάχοις παρ' Ἀθηναίοις μετατάξασθαι πλὴν τῶν ἀπὸ Πελοποννήσου στρατιωτῶν), ihre Rückkehr nach dem Peloponnes gar nicht erwähnt. Etwas anders ist die Darstellung bei (Ephoros)Diodor (11, 44); er nennt 50 peloponnesische Dreiruderer, giebt also die peloponnesischen und attischen in Gesamtsumme und auch nicht einmal die attischen besonders; die Entrüstung aber das persische Wesen und Leben des Pausanias ist allgemein im Heere, besonders gross aber bei den Befehlshabern (οἱ τεταγμένοι τῶν Ἑλλήνων ἐπὶ τινος ἡγεμονίας); von diesen fahren die peloponnesischen nach Hause, schicken Gesandte nach Sparta und verklagen den Pausanias, Aristeides aber gewinnt durch sein freundliches Wesen die anderen Staaten. Einige Einzelheiten bietet noch Plutarch im Leben des Aristeides (23). Dass alle Führer der Bundesgenossen von Pausanias herrisch behandelt worden sind, ist ganz glaublich, dass aber alle, auch die peloponnesischen, sich an Aristeides mit der Bitte gewendet hätten den Oberbefehl zu übernehmen, ganz unwahrscheinlich und gegen Thukydides. Genauer heisst es in Plutarchs Kimon (cap. 6), dass die meisten Bundesgenossen sich an Kimon und Aristeides anschlossen. Der Zeitpunkt der Rückkehr der peloponnesischen Schiffe in die Heimat ist nicht genau festzustellen. Dass sie noch nach Pausanias' Abberufung blieben, wie auch Duncker VIII, 42, Busolt II, 346 (1. Aufl.) und Beloch I, 382 gegen Grote (Meissner III, 200) und Curtius II, 120 annehmen, schliesse ich daraus, dass die Spartaner, wenn sie nicht peloponnesische Schiffe noch bei der Flotte hatten, wohl kaum erst einen neuen Admiral, den Dorkis, noch dazu mit wenig Mannschaft (στρατιὰν ἔχοντας οὐ πολλήν) geschickt hätten. Vgl. auch Holzapfel, Untersuchungen u. s. w. 21. — 7. Herod. 6, 72. Paus. 3, 7, 9. — 8. Lycurg 13.

herrschaft doch noch rechnen mussten. Er teilte also dem athenischen Volke mit, er habe ein sehr vorteilhaftes Unternehmen im Auge, das er aber nur einem vom Volke gewählten Vertrauensmann mitteilen könne. Das Volk wählte nun den Aristeides dazu, und diesem eröffnete Themistokles, dass er das peloponnesische Schiffslager in Pagasai in Brand zu stecken gedächte. Aristeides bezeichnete dem Volke den Plan als zwar nützlich aber ungerecht, und so unterblieb die Sache.[9]

Die Schwächung, die Sparta durch den Verlust des Oberbefehls zur See erlitten hatte, blieb nicht ohne Folgen für die Weiterentwickelung der Verhältnisse im Peloponnes. Hier wirkten nämlich alte historische Gegensätze und Unzufriedenheit mit Sparta bei jüngeren Anlässen zusammen einen förmlichen Bund oder doch ein Einverständnis mehrerer peloponnesischer Staaten gegen den Vorort zu Stande zu bringen. Die Argiver, zwanzig Jahre früher durch die Treulosigkeit des spartanischen Königs Kleomenes eines Teils ihres Adels beraubt, hatten sich, von ihrer Neutralität im Perserkriege unterstützt, wieder gekräftigt und strebten vor allem darnach die anderen noch selbständigen Städte im Inachosthale sich zu unterwerfen; diese aber, Mykenai und Tiryns, hatten sich eng an Sparta angeschlossen, dessen Kampfgenossen sie bei Thermopylai und Plataiai gewesen waren. In Arkadien sagte sich Tegea trotz der bisherigen Waffenbrüderschaft von Sparta los und schloss einen Bund mit Argos; auch die Mantineier folgten vorübergehend dem lakonerfeindlichen Zuge, gaben unter argivischem Einfluss die vereinzelten Wohnsitze auf, gruppierten sich um einen festen Mittelpunkt und gestalteten ihre Verfassung in demokratischem Sinne um.[10] Endlich traten auch in Elis Verhältnisse ein, die den Eleiern die bisherige Anlehnung an Sparta als entbehrlich erscheinen liessen.[11] Früher hatten sie die Hilfe des mächtigen Nachbars zur Niederhaltung der Perioikenbevölkerung, der unterworfenen Pisaten und Triphylier, gebraucht; jetzt war eine Auflehnung von diesen nicht mehr zu fürchten; auch war man der strengen Oligarchie einer geringen Anzahl von Familien überdrüssig, unter deren Führung sich der Staat durch verspätetes Eintreffen seines Kontingents bei Plataiai lächerlich gemacht hatte.[12] So vollzog sich auch hier ein Synoikismos und eine Verfassungsveränderung auf demokratischer d. h. antispartanischer Grundlage. Etwa ein Dezennium hindurch (475—465) wurde die Geschichte des Peloponnes durch diese politische Konstellation bestimmt. Auf der einen Seite standen die Argiver, die Tegeaten, die Eleier, auf der anderen die Spartaner, die Mykenaier und Tirynthier und die treugebliebenen Bundesgenossen der Spartaner im Norden der Halbinsel, zu denen auch die Korinther gehörten. Wir könnten das letztere auch ohne jede Andeutung in den Quellen annehmen; das aristokratisch regierte,

---

9. Plut. Them. 20. Freilich ist die Erzählung ohne einige Korrektur nicht brauchbar; denn weder kann dieser Plan gleich nach Schluss der Perserkriege gefasst worden sein noch sich auf das Schiffslager „der Griechen", also auch der Athener mit bezogen haben. Abgesehen aber von diesen Ungenauigkeiten scheint mir doch die Nachricht in ihrem Kern nicht unglaubhaft, da ja Themistokles auch sonst zielbewusst und wenig wählerisch in seinen Mitteln war und wissen konnte, dass es in Sparta eine Partei gab, die am liebsten sogleich um die verlorene Hegemonie mit Athen gekämpft hätte (Diod. 11, 50). Brach dieser Krieg aus, so war es für den Ausgang von der höchsten Bedeutung, ob es eine peloponnesische Flotte gab oder nicht. Über die schwierige Chronologie und den Zusammenhang dieser Ereignisse Duncker VIII, 65 und Busolt griech. Gesch. II, 356—356 mit den Anmerkungen, der auch darauf aufmerksam macht, dass die Geschichte, wenn sie nicht wahr war, so doch wahrscheinlich erfunden sein musste um Glauben zu finden. Bedenken gegen Busolt erhebt v. Domaszewski, n. Heidelb. Jahrb. I, 169. v. Wilamowitz Aristot. u. Athen I, 138 hält die Geschichte für eine zu Ehren des tugendhaften Aristeides erfundene Fabel und sagt in der Begründung, begangen wäre die That vielleicht ein Verbrechen, „vorher beschwatzt" eine Dummheit gewesen, die man dem Themistokles nicht zutrauen könne. Das ist wohl richtig; nur kann die Art, wie Themistokles vorher einem Vertrauensmann des Volkes Mitteilung von seinem Plane machte, m. E. nicht durch den Ausdruck „vorher beschwatzt" bezeichnet werden. Denn wenn Them. durch Einweihung eines einzigen angesehenen Mannes in seinen Plan das Volk bestimmen wollte ihm die Hilfe zu gewähren, die er natürlich für das Unternehmen bedurfte, so konnte man doch mehr Geheimhaltung billigerweise nicht verlangen. — 10. Herod. 6, 79. 80. Busolt II, 375. Duncker VIII, 122. Strabo VIII, 387: Μαντινέων ἐκ πέντε δήμων ὑπ' Ἀργείων συνοικισθῆς. Xen. hell. V, 2, 7. — 11. Diodor 11, 54. Strabo l. l. — 12. Herod. IX, 77.

athenerfeindliche Korinth, das durch seine Flotte im peloponnesischen Bunde eine nicht unbedeutende Rolle spielte, zum Ausgleich aber der spartanischen Landmacht bedurfte, konnte unmöglich einer Staatengruppe günstig sein, die demokratische Reformen vornahm, im Geheimen mit den Athenern sympathisierte, dem in Korinth verhassten Themistokles, der damals als Verbannter in Argos lebte, Spielraum gewährte[13] und überhaupt darauf ausging Sparta zu schwächen.

Wiewohl wir also schon aus allgemeinen Erwägungen die Stellung Korinths in den damaligen Wirren des Peloponnes erschliessen könnten, so besitzen wir doch auch in der schriftlichen Überlieferung einen Anhalt. Als nämlich im Jahre 461 Kimon auf dem Rückmarsch aus Messenien durch das korinthische Gebiet zog, machte ihm der Korinther Lachartos bemerklich, dass er dazu erst die Erlaubnis der Korinther hätte einholen sollen, erhielt 'aber zur Antwort, die Korinther hätten ja auch bei den Kleonaiern und Megarern nicht erst angeklopft, sondern wären mit Waffengewalt eingedrungen, weil den Stärkeren alles offen stände.[14] Nun wissen wir, dass Kleonai damals unter dem Einfluss von Argos stand und im Bunde mit Argos seine leitende Stellung bei den nemeischen Spielen gegen die Ansprüche der Mykenaier, die ebenfalls Rechte auf die Vorsteherschaft geltend machten, verteidigte.[15] Die Korinther haben also nicht zu lange Zeit vor 461 einmal einen Einfall in das Gebiet der Kleonaier unternommen, um ihren Freunden, den Mykenaiern und Tirynthiern, die gerade von den Argivern und deren Bundesgenossen bedrängt wurden, Luft zu machen. Ob die Korinther den Spartanern auch direkt Hilfstruppen geschickt und etwa an der Schlacht bei Tegea gegen die verbündeten Argiver und Tegeaten oder an Spartas entscheidendem Sieg über die Arkadier bei Dipaia[16] teilgenommen haben, wissen wir nicht; ich möchte es aber kaum für wahrscheinlich halten.

Was die chronologische Verteilung dieser Ereignisse auf die Zeit 475—461 anlangt, so sind die für genauere Fixierung zu Gebote stehenden Angaben nicht reichlich und nicht bestimmt genug um ein sicheres Resultat zu geben, und es haben deshalb die Versuche neuerer Historiker zu abweichenden Ergebnissen geführt. Ich stelle die aus Dunckers und Busolts Darstellung sich ergebenden Tabellen nebeneinander:

Du.[13]	Bu.[14]
475 Beginn des tegeatisch-argivischen Krieges gegen Sparta. Sieg Spartas bei Tegea.	473 (od. 2) Beginn des tegeatisch-argivischen Krieges gegen Sparta. Sieg bei Tegea.
474 Synoikismos von Mantineia.	472 Synoikismos von Elis.
471 Synoikismos von Elis.	472 (od. 1) Tiryns erhebt sich gegen Argos.
470 Themistokles kommt nach Argos.	471 Themistokles kommt nach Argos.
469 Ganz Arkadien gegen Sparta.	469 (od. 8) Schlacht bei Dipaia. Die Argiver belagern Tiryns.
468 Tiryns und Mykenai fallen.	
467 Sieg Spartas über die Arkadier bei Dipaia.	465 Erdbeben.
464 Erdbeben in Sparta.	464 Die Argiver im Bunde mit Tegea und Kleonai bekriegen Mykenai. Dieses fällt.
461 Kimon vor Ithome.	463 Kimon vor Ithome.

Duncker ordnet also die Ereignisse so, dass er den Beginn des Krieges der Tegeaten und Argiver gegen Sparta sowie einen ersten Sieg der Spartaner im Tegeatischen in den Herbst des

---

13. I, 135 (ἔχων ἄνεσιν μὲν ἐν Ἄργει, ἐπιφοιτῶν δὲ καὶ ἐς τὴν ἄλλην Πελοπόννησον). — 14. Plut. Cimon 17. Man führt die Nachricht jetzt allgemein auf Ion von Chios zurück. A. Schmidt, Perikles und sein Zeitalter II, 184. L. Holzapfel, Untersuchungen über d. Darst. d. griech. Gesch. u. s. w. 137. Busolt II, 304. v. Wilamowitz, Arist. u. Athen II, 296, 11. — 15. Strabo VIII, 377 μετὰ τὴν ἐν Σαλαμῖνι ναυμαχίαν Ἀργεῖοι μετὰ Κλεωναίων καὶ Τεγεατῶν ἐπελθόντες ἄρδην τὰς Μυκήνας ἀνεῖλον. Kleonai, vier Stunden von Korinth und sechs von Argos entfernt, am Wege zwischen beiden Städten gelegen, war auf seinem wohlummauerten Hügel ein vorgeschobener Posten von Argos gegen Korinth. In Kleonai hatte einst auch Kypselos seine Zeit erwartet, um nach Korinth zurückzukehren. Nikol. Dam. fr. 58. Über das Verhältnis von Kleonai zu Argos vgl. L. Schiller, Stämme und Staaten Griechenlands III, 17 (Progr. v. Ansbach 1861) und Busolt, die Lakedaimonier 93, 84. — 16. Her. 9, 35. — 17. Gesch. d. A. 5, 118-136. Die Stelle über die Korinther 137. Ebenso Beloch, griech. Gesch. I, 432 A. 3. — 18. Griech. Gesch. II, 370—377. 358. 344. 440. 441.

Jahres setzt, in dessen Frühling König Leotychides von Sparta nach seiner Verurteilung in Tegea eine Zufluchtsstätte gefunden hatte (475). Dieser Krieg bricht von neuem aus im Jahre 469/8; die Argiver benutzen sogleich (468) die Gelegenheit Mykenai und Tiryns anzugreifen, wobei nun eben die Korinther in das Gebiet des mit Argos verbündeten Kleonai einrücken, und erst nach Mykenais Fall findet 467 die Entscheidungsschlacht bei Dipaia statt. Busolt dagegen weist den Ausbruch des tegeatisch-argivischen Krieges gegen Sparta erst dem Jahre 473 oder 472 zu; nach der ersten Niederlage der Argiver im Gebiet von Tegea erheben sich die Tirynthier gegen Argos, während die Mykenaier zunächst nur Ansprüche auf das Heraion und die in Kleonai's Hand liegende Leitung der nemeischen Spiele machen. Tiryns fällt nach mehrjähriger Belagerung. Der innere Krieg in Argolis verhindert die Argiver weiterhin den Arkadiern Hilfe zu leisten und diese (mit Ausnahme der Mantineier) erleiden 468 oder spätestens 467 die grosse Niederlage bei Dipaia. Erst nach dem Erdbeben und nach dem Helotenaufstand im Herbste 465 greift Argos die Mykenaier an und erzwingt endlich mit Unterstützung argivischer und kleonaiischer Hilfstruppen 464 die Übergabe der alten Stadt, deren Bewohner sich zerstreuen.

Der Unterschied beider Zeittafeln besteht besonders darin, dass Busolt die Ereignisse etwas mehr zusammendrängt und den Krieg der Argiver gegen Tiryns und Mykenai, die Pausanias zusammen nennt,[19] in zwei zeitlich geschiedene Unternehmungen spaltet. Duncker konnte für seine Datierung die freilich nicht allzuschwer wiegende Autorität Diodors anführen, der auf Ephoros fussend den Kampf und Fall der Mykenaier in das Jahr 468 setzt. Schliesslich sind diese Zeitangaben für unsern Zweck nicht von grosser Bedeutung. Denn Korinth, obwohl gewiss an dem Ausgang der Kämpfe im Peloponnes lebhaft interessiert, hat doch, so viel wir wissen, nur einmal aktiv an ihnen teilgenommen, eben durch den Einfall in das Gebiet der mit Argos verbündeten Kleonaier, den wir also im Anschluss an Diodor mit Duncker in das Jahr 468 setzen wollen.

So hat die Antwort des athenischen Feldherrn an Lachartos uns Aufschluss gegeben über die Stellung, die Korinth in den Kämpfen des Peloponnes einnahm. Wir können ihr aber ausserdem noch entnehmen, dass eben damals die Jahrhunderte alte Spannung zwischen Megara und Korinth wieder einmal einen scharfen Charakter angenommen und zum Vorrücken der Korinther über die umstrittene Grenze geführt hatte. —

In diesen verhältnismässig geringfügigen Kämpfen lag der Keim zu einem grösseren Kriege. Ehe aber dieser ausbrach, trat in Korinth ein Ereignis ein, das die Bürgerschaft mit hoher Genugthuung erfüllte und jedenfalls die Gemüter auf einige Zeit von der auswärtigen Politik des Staates ablenkte, der olympische Doppelsieg des Korinthers Xenophon im Fünfkampf und im Wettlauf in der 79. Olympiade (464).[20] Xenophon gehörte den Oligaithiden an, einem vornehmen korinthischen Geschlecht, in dem die Liebe zur Pferdezucht und zum Rennsport erblich war; sechzigmal hatten Männer dieses Stammes den Preis allein bei den Isthmien und Nemeen davongetragen, aber auch Delphi und Athen verkündeten ihren Ruhm. Drei Generationen von Siegern können wir verfolgen, eine Reihenfolge, die in Korinth überhaupt nur selten nachweisbar ist; noch in die 2. Hälfte des 6. Jahrhunderts gehörten die Brüder Ptoiodoros und Terpsias; auf ihren Bahnen wandelten dann um 500 ihre Söhne Thessalos und Eritimos; Thessalos errang zuerst in dem Hause einen olympischen Sieg und erneuerte dadurch den Ruhm der Korinther am Alpheios, den die alten Olympioniken der Stadt Diokles und Dasmon noch im 8. Jahrhundert begründet hatten.[21]

---

19. Paus. 5, 23, 3. Über die verschiedene Stellung von Tiryns und Mykenai zu den Hauptstaaten sucht v. Domaszewski (N. Heidelb. Jahrb. I, 183) aus der Inschrift der plataiischen Schlangensäule Resultate zu gewinnen. — **20.** Pind. Ol. XIII. Athen. XIII, 573. Diod. XI, 70. Pausan. IV, 24, 4. — **21.** Aristot. pol. II, 12, 1274 (2, 9, 6). Paus. IV, 13, 7. In dem aus Julius Africanus übernommenen Siegerverzeichnis bei Euseb. (A. Schöne I, 196) siegen Diokles und Dasmon in der 13. und 14. Olympiade (728 und 724 v. Chr.). Thessalos findet sich in der ἀναγραφή nicht als Olympiasieger, worüber J. H. Krause, Olympia S. 387 u. 405 zu vergleichen ist. Der nächste olym-

Thessalos' Sohn war nun eben Xenophon, der bisher in den Nemeen und den heimischen Isthmien und Hellotien gesiegt, jetzt aber nach dem Beispiel seines Vaters auch einen olympischen Kranz davongetragen hatte.

Auf Einladung nicht der Oligaithiden allein, sondern der ganzen Stadt, die den Ruhm ihres Bürgers als ihren eigenen ansah, war Pindar erschienen, um persönlich die Aufführung seines Siegesliedes in Korinth zu leiten. Nach seiner Art hatte er in der Ode mit dem Preise des „bürgerfreundlichen und gastfreien" Aristokratenhauses das Lob der Stadt verbunden. Abwechselnd feiert er die bisherigen Siege der Oligaithiden und die Vorzüge ihrer Heimat, des massvoll regierten, im Kriege bewährten, durch alle Erfindungen wohlverdienten Korinth; und dann klingen die alten Sagen der Stadt herein, Sisyphos, Medeia, Bellerophon, der den Pegasos zäumt, die Amazonen bezwingt, die feuerschnaubende Chimaira samt den Solymern erschlägt. Selbst die Sinnsprüche des Liedes scheinen nicht ohne tieferen Bezug: die Gerechtigkeit ist der sichere Grund, auf dem die Städte ruhen — in jeglichem Dinge halte Mass — Überlegen ist der beste Weg. Das sind Anspielungen auf die plan- und massvolle Politik der Korinther und auf ihre wohlabgewogene Verfassung, die jahrhundertelang Bürgerkriege von der Stadt fernhielt.

Bevor Xenophon auszog, hatte er nach korinthischer Sitte der Burggöttin Aphrodite für den Fall, dass er den Sieg gewänne, eine bestimmte Anzahl Hierodulen zu stiften gelobt. Nachdem ihm sein Wunsch in Erfüllung gegangen war, erfüllte er auch das Gelübde. Hundert Mädchen wurden dem Dienst der Göttin geweiht, mit Xenophon zusammen opferten sie beim Dank- und Siegesfest ihrer neuen Herrin und auch zu diesem für unser Gefühl anstössigen Akt erklang das Lied Pindars: „Hierher in Deinen Hain, Herrin von Kypros, hat Xenophon voll Freude, dass sein Gebet erhört, die hundertgliedrige Schar erwerbsamer Mädchen geführt." Als Dienerinnen holder Überredung sollen die vielgesuchten Mädchen Weihrauchwolken emporsteigen lassen und oft ihre Gedanken zu Aphrodite, der göttlichen Mutter der Leidenschaften, erheben, die ihnen sonder Vorwurf gewährt auf lieblichem Lager die Frucht der Jugendblüte zu pflücken. Pindar fühlte wohl selbst das Bedenkliche solchen Preisliedes; denn zögernd fragt er, was wohl die Herren des Isthmos dazu sagen werden, dass er als Genosse alldienstfertiger Frauen solchen Anfang süssen Liedes ersonnen habe.[22] Die Korinther werden ihm das nicht verübelt haben; war doch ihre Stadt der klassische Boden des Hetairenwesens, das bereits Periander polizeilich organisiert haben soll; wohl aber wird sich Korinth der Anwesenheit des bereits bejahrten und berühmten Pindar in seinen Mauern gefreut und die Erinnerung an eine längst vergangene Zeit neubelebt haben, wo ebenfalls ein auswärtiger Dichter und Musiker, Arion, an dem musenfreundlichen Tyrannenhofe durch Aufführung der ersten Dithyramben die Stadt berühmt gemacht hatte. Dem Xenophon aber schulden auch wir noch Dank, weil er den Anlass gab zu dem Liede des Pindar und indirekt zu den Scholien, zwei Quellen, ohne die wir so manche Belehrung über die Geschichte der alten Isthmosstadt würden entbehren müssen.

Das Erdbeben in Sparta und der Helotenaufstand im Jahre 464[23] übten zunächst auf Korinth keinen Einfluss aus, wenn auch Männer von politischer Einsicht, wie sie gerade Korinth vor anderen zu besitzen sich rühmte,[24] vorausgesehen haben werden, welche Folgen für den ganzen Peloponnes diese Ereignisse haben mussten. Zuerst versuchte Sparta allein seiner empörten Unterthanen Herr zu werden; als das nach einigen Jahren noch nicht gelungen war, wurden die Bundesgenossen aufgeboten und auch die Athener, als besonders erfahren in der Belagerungskunst, um Hilfe ersucht.[25] Kimon, der Lakonerfreund, setzte durch, dass diese gewährt wurde und führte

---

pische Erfolg eines Korinthers nach Xenophon fällt erst in die makedonische Zeit, als Andromenes in zwei aufeinander folgenden Olympiaden (118. und 119.) siegte. — **22.** Athen. I. 1. Bergk poët. lyr. J, 419. — **23.** Vergl. Anm. 38. — **24.** I, 70: εἴπερ τοὺς καὶ ἄλλοι, ἄξιοι νομίζομεν εἶναι τοῖς πέλας ψόγον ἐπενεγκεῖν. Vergl. auch cap. 68, 2. - **25.** I, 102. —

im Jahre 461 selbst die Mannschaft vor Ithome, um welches sich der Krieg konzentriert hatte.²⁶ Seit 18 Jahren hatten Spartaner und Athener nicht in demselben Lager nebeneinander gelegen und vieles war geschehen, was beide Staaten einander entfremdete. Die erfolgreichen Seezüge hatten die Athener noch kühner, unternehmungslustiger und sicherer gemacht als sie früher schon waren, und mit Missbehagen sahen die Lakedaimonier, die sich in der Zwischenzeit nur eben behauptet hatten, auf das unkonservative Wesen ihrer ionischen Bundesgenossen. Es war schliesslich immer noch besser den Krieg um Ithome mit den eigenen Kräften und den dorischen Bundesgenossen zu Ende zu führen als den so ganz anders gearteten und deshalb mit Misstrauen betrachteten Kampfgenossen von jenseits des Isthmos die Möglichkeit einer Einwirkung auf die Verhältnisse des Peloponnes zu gewähren, und so entschlossen sich die Spartaner, als die Eroberung der Bergveste auch jetzt nicht sogleich gelang, das athenische Hilfskorps mit Dank zu entlassen, während sie die übrigen Bundesgenossen, also wohl auch die Korinther, noch da behielten. Auf dem Rückmarsch berührte Kimon das korinthische Gebiet, und das schon erwähnte Gespräch zwischen ihm und Lachartos von Korinth, der damals wohl in einer obrigkeitlichen Stellung sich befand, spiegelt die gereizte Stimmung wieder, die zwischen den Athenern und Peloponnesiern eingetreten war.²⁷ Die schnöde Heimsendung der erst erbetenen Hilfstruppen brachte eine gewaltige Wirkung hervor und machte mit einem Schlage einem Zustande ein Ende, der nur noch künstlich und scheinbar aufrecht erhalten wurde, im Grunde aber schon überwunden war, dem Bunde von Athen und Sparta. Die Athener, die gewiss nachträglich erfahren hatten, dass Sparta kurz vor dem Erdbeben im Begriff gewesen war den aufständischen Thasiern Hilfe zu schicken und die doch ihrerseits in gleichem Falle den Spartanern gegen die Messenier Zuzug geleistet hatten, erhoben die Beschuldigung gröbsten Undanks, lösten offiziell den noch von den Perserkriegen her bestehenden Vertrag mit Sparta und schlossen ein neues Bündnis mit den Argivern, dem bald auch die Thessalier beitraten.²⁵

Für Korinth bedeutete diese neue Gruppierung der Mächte eine Steigerung zugleich seiner Bedeutung und der Ansprüche an seine Leistungsfähigkeit. Solange Spartas Feinde nur südlich von Korinth wohnten und der Kampf an den Grenzen Spartas gegen Argos, Arkadien und Messenien geführt wurde, war Korinth verhältnismässig wenig beteiligt, und es genügte gelegentlich einen Einfall in das Gebiet einer feindlichen Nachbarstadt zu machen oder ein Hilfskorps zu schicken. Jetzt aber, wo der Schwerpunkt der spartanerfeindlichen Koalition mehr nach Norden rückte, fiel ganz natürlich dem mächtigsten Staate der spartanischen Gruppe im Norden der Halbinsel die führende Rolle zu, und dieser Staat war nun eben Korinth.

Die Grenzfehde mit Megara, die nun wohl schon ein paar Jahre dauerte, war bisher in der Weise geführt worden, dass korinthische und megarische Streifkorps von geringer Stärke abwechselnd in den feindlichen Nachbarstaat einfielen, das Land verwüsteten und kleine Scharmützel lieferten. Zuletzt aber bekamen die Korinther die Oberhand und bedrohten Megara ernstlich,²⁹ gerade um die Zeit als das athenisch-argivische Bündnis geschlossen wurde. Die Megarer, die von Sparta gegen Korinth keine Hilfe oder Vermittelung erwarten konnten und ohnehin durch ihre geographische Lage wirtschaftlich auf Athen angewiesen waren, sagten sich von der peloponnesischen Symmachie los und wurden wohl noch im Jahre 460 Bundesgenossen der Athener. Diese

---

26. Plut. Cim. 16. In der Chronologie bin ich der gewöhnlichen Annahme (Grote, A. Schäfer, Duncker, Curtius) gefolgt, die den Hilfszug des Kimon in das Jahr 461 setzt, während andere, wie Busolt gr. Gesch. II, 454 das Ereignis zwei Jahre weiter zurückdatieren. Etwas frei kombiniert Duncker VIII, 250, wenn er das Gespräch in Korinth zwischen Kimon und Lachartos beim Einmarsch in den Peloponnes gehalten werden lässt gegen den Wortlaut des Plutarch (ἐπεὶ βοηθήσας τοῖς Λακεδαιμονίοις ἀπῄει διὰ Κορίνθου) und wenn er die Athener kommen lässt um Sparta zu entsetzen, nicht um Ithome zu belagern, gegen die ausdrückliche Angabe des Thukydides (μάλιστα δ'αὐτοὺς ἐπεκαλέσαντο, ὅτι τειχομαχεῖν ἐδόκουν δυνατοὶ εἶναι). Auch dass die Korinther und Megarer unter den Bundesgenossen vor Ithome gefehlt hätten wegen ihres Grenzstreites (242), lässt sich nicht mit Sicherheit behaupten. — **27.** Plut. Cim. 17, nach A. Schmidt, Perikles und sein Zeitalter und Busolt II, 304 auf Ion von Chios zurückgehend. — **28.** Diod. II, 70.

leisteten ihren neuen Freunden auch sogleich wirksame Hilfe, rückten in Megaris ein und besetzten
l'agai, den megarischen Hafen am korinthischen Meerbusen sowie Megara selbst, das sie durch
lange Mauern mit Nisaia, dem Hafenplatz am saronischen Golfe, verbanden. „Dieser Anlass war
es besonders, sagt Thukydides,"⁹ der den bittern Hass der Korinther gegen die Athener hervorrief."
Die Gesinnung war ohne Zweifel schon lange keine freundliche; aber jetzt lag zum ersten Male eine
direkte Schädigung der korinthischen Interessen durch Athen vor. Die Hoffnung auf den baldigen
Sieg über den kleineren unruhigen Nachbar war vereitelt und, was jedenfalls das allerbedenklichste
war, die Athener besassen jetzt zum ersten Male am korinthischen Meerbusen einen festen Platz,
von dem aus sie den korinthischen Handel stören konnten. Somit war der Krieg unvermeidlich.
Die Athener eröffneten ihn 459 mit einer Landung bei Halieis an der Südspitze von Argolis; aber
die Korinther waren mit ihren Bundesgenossen, den Epidauriern, und mit 300 Mann Soldtruppen
zur Stelle und siegten in einer Schlacht.³⁰ Das Fischerstädtchen Halieis war nach der Eroberung
von Tiryns von den flüchtenden Tirynthiern gegründet worden und hielt natürlich zur spartanischen
Partei. Die Landung der Athener bezeichnet also den Versuch an dieser wichtigen Stelle unter
Verdrängung oder Vergewaltigung der Halier einen Stützpunkt der athenisch-argivischen Macht zu
gewinnen; die Korinther kommen nun ihren Freunden in Halieis zu Hilfe und verhindern, nachdem
es ihnen in Megara nicht gelungen war, wenigstens an der Küste von Argolis die Gründung einer
athenischen Flottenstation. Später im Jahre trafen sich die Flotten der gegnerischen Mächte bei
der Insel Kekryphaleia zwischen Epidauros und Aigina und hier verloren die Korinther die Schlacht.
Nun traten auch die Aigineten, die den Verlust ihrer Selbständigkeit vor Augen sahen, wenn Athen
im saronischen Meerbusen übermächtig würde, offen auf die korinthisch-epidaurische Seite. Im
Frühling 458 kam es zu einer grossen Seeschlacht zwischen den Athenern und Aigineten vor der
Insel; beide waren durch ihre Bundesgenossen unterstützt, also die Aigineten durch die Korinther.
Der Sieg war weitaus auf Seite der Athener; sie nahmen 70 Schiffe -- darunter jedenfalls auch
korinthische —, landeten auf der Insel und begannen die Stadt zu belagern. Korinth that was es
konnte zur Unterstützung der bedrängten Bundesgenossin. Die 300 Söldner, die bereits in den
ersten Kämpfen mitgewirkt hatten, wurden nach Aigina übergesetzt, die Pässe der Geraneia, des
schwerpassierbaren Isthmosgebirges, sicherte man durch Posten, und die Korinther selbst stiegen
in die Ebene von Megara hinab, um durch deren Verwüstung die Athener zu nötigen von der Belagerung von Aigina abzulassen und ihren neuen Bundesgenossen, den Megarern, zu Hilfe zu kommen.
Man glaubte in Korinth, die Athener würden den Krieg auf drei Kriegsschauplätzen — denn der
Kern der attischen Hopliten kämpfte damals am Nil — nicht aushalten. Aber diese Berechnung
täuschte. Ohne auch nur einen Mann von Aigina wegzunehmen bildete Myronides, der beste Feld-
herr, den Athen damals besass, aus den ältesten und jüngsten Jahrgängen ein Heer und führte es
nach Megara. Es kam zu einem Kampfe, der unentschieden blieb, aber doch die Athener etwas
in Vorteil setzte, so dass sie nach Abzug der Korinther ein Siegeszeichen errichteten. Die heim-
gekehrten Korinther wurden von ihren älteren Mitbürgern mit Vorwürfen empfangen, dass sie einem
Heer von Greisen und Knaben die Ehre des Siegeszeichens überlassen hätten. Da zogen sie zwölf
Tage später nochmals aus, um auch ihrerseits ein Tropaion zu errichten; aber mitten in dieser
Beschäftigung wurden sie von den aus der Stadt Megara vorrückenden Athenern überfallen, zerstreut
und verfolgt. Dabei geriet eine starke korinthische Abteilung, die den Weg verfehlt hatte, in ein
Privatgrundstück, das von einem grossen Graben umgeben war und nur einen Ausgang hatte.
Die Athener merkten das, sperrten den Ausgang durch Hopliten und töteten sämtliche in dem
Grundstücke Eingeschlossenen durch Steinwürfe von aussen. „Das war ein harter Schlag für
Korinth."³¹ — Die Spartaner haben wohl an diesem athenisch-korinthischen Kriege bis dahin keinen

---

29. I, 103. — 30. I, 105. Ephoros (Diod. II, 78) lässt aus Parteilichkeit für Athen die Athener siegen. —
31. I, 105. — Diodor II, 79 setzt irrtümlich den Beginn der Grenzstreitigkeit zwischen Korinth und Megara erst in

Teil genommen.[32] Thukydides lässt zwar die Korinther „mit den Bundesgenossen" über den Isthmus ziehen und bei Diodor kommen sie „mit den Peloponnesiern"; doch sind darunter nur kleinere, den Korinthern befreundete Staaten, wie Epidauros, zu verstehen; die Absendung auch nur einzelner Spartiaten, wie sie sonst zuweilen vorkam, wäre wohl in den Quellen vermerkt worden. Unter den 300 „Helfern" ($\dot{\epsilon}\pi\iota\kappa\omega\rho\omega\iota$) aber „Bundesgenossen" anstatt „Söldner" zu verstehen hindert der Umstand, dass Thukydides ausdrücklich die Helfer neben den Bundesgenossen erwähnt. Bemerkenswert ist, dass dieser Stelle zufolge schon damals, wie später regelmässig, die Korinther fremde Krieger in Sold nahmen.

An der Fortsetzung des Krieges haben die Korinther zunächst nicht mehr als Führer, sondern als Geführte im Gefolge der Lakedaimonier teilgenommen und dann weiter als die durch die athenischen Plünderungsfahrten hervorragend Geschädigten. Gewiss war es eine Folge der Niederlagen, die Spartas treueste Bundesgenossen erlitten hatten, dass die Lakedaimonier sich trotz des noch immer fortdauernden Widerstandes der Messenier auf Ithome entschlossen ein Heer nach Mittelgriechenland zu schicken, um einen Druck auf Athen auszuüben und dessen Einfluss in Phokis und Boiotien zu brechen. Den Vorwand dazu bot die Bedrängung der stammverwandten Bewohner von Doris durch die Phoker. Das peloponnesische Heer, das unter Führung des Regenten Nikomedes von Sikyon aus über den korinthischen Meerbusen nach Mittelgriechenland übergesetzt wurde, bestand aus 1500 spartanischen Hopliten und 10000 Verbündeten, ein Verhältnis, das schon darauf hinweist, dass der ganze Zug im Interesse der Bundesgenossen unternommen wurde. Demgemäss wird das Kontingent der Korinther kein geringes gewesen sein; man darf gewiss 2000 bis 3000 Mann annehmen. Im Anschluss an die Spartaner hatten nun die Korinther besseren Erfolg als in ihren eigenen Kämpfen. Die Phoker wurden zur Herausgabe der weggenommenen dorischen Städte gezwungen, die Athener bei Tanagra besiegt.[33] Die Sieger stifteten später dafür nach Olympia einen goldenen Schild mit dem Medusenhaupt als Schildzeichen und einer Inschrift, die durch Pausanias vollständig, auf der Originalmarmorplatte aber zum Teil erhalten ist. Die Besorgung des Kunstwerkes und der Aufschrift hatten wohl die Korinther übernommen: wenigstens bietet die letztere in der Form $\tau\omega\nu$ anstatt $\tau\omega$ eine speziell korinthische Eigentümlichkeit, und in den Buchstaben der fünften Zeile $\kappa o\rho$.... scheint sich der Name der Korinther als Teil der Unterschrift erhalten zu haben.[34] Die Ausnützung ihres Sieges verstanden freilich die Spartaner nicht. Gewiss zum grossen Schmerze der Korinther erfolgte kein Einfall in Attika; die Verwüstung des megarischen Gebietes zur Strafe für den Abfall war doch nur eine geringe Genugthuung gegenüber der Aussicht nun wieder allein als vorgeschobenster Posten gegen Athen der Rache der eben noch besiegten Feinde ausgesetzt zu sein. — Die Flotte der Korinther hatte vermutlich in den beiden Schlachten bei Kekryphaleia und Aigina solche Verluste erlitten, dass sie selbst im korinthischen Meerbusen sich nicht zeigen konnte; denn ausdrücklich sagt Thukydides, die Athener hätten dort gekreuzt und dadurch die Rückbeförderung des peloponnesischen Heeres zu Schiff verhindert; die Korinther waren also in ihren eigensten Gewässern zur Unthätigkeit verurteilt.

Die Rache für Tanagra erfolgte in Gestalt eines Plünderungszuges der Athener um die Küsten des Peloponnes im Jahre 456; Führer war Tolmides. Korinth verlor dabei Chalkis an der

das Jahr nach den Schlachten bei Halieis und Kekryphaleia. Von den zwei starken Schlachten, die er in Megaris schlagen lässt, ist die zweite $\dot{\epsilon}\nu$ $\tau\tilde{\eta}$ $\lambda\epsilon\gamma o\mu\epsilon\nu\eta$ $K\rho\omega\kappa\iota\alpha$ wohl das Treffen mit den nur Errichtung des Siegeszeichens zurückgekehrten Korinthern. Denkmäler der Athener aus diesem Kriege Böckh CJG. I, 165. CJA I, 433 u. Archäol. Zeit. 1878 S. 71. — 82. Dies wird auch von W. Grüner, Korinths Verfassung und Geschichte während der Pentekontaetie S. 18, gegen C. O. Müller Aeginetica 176 verfochten. — 83. I, 107. 108. — 84. Paus. V, 10, 4. Purgold Arch. Zeit. XL (1882) S. 179. Röhl, inscript. Graec. antiquissimae, Addenda No. 26a. Collitz u. Bechtel Sammlung der griech. Dialektinschriften 3. Band 2. Heft No. 3157. Über die Bedeutung der Inschrift für die Geschichte des kor. Alphabets vergl. auch E. Wilisch, die altkor. Thonindustrie S. 150. Die Wichtigkeit der ganzen Unternehmung gerade für die Korinther hebt hervor v. Willamowitz, Hermes 26, 201.

aitolischen Küste, eine Ortschaft, die ursprünglich wohl von Euboia aus gegründet, später unter die Botmässigkeit der näheren Seemacht gekommen war.³⁵ Auch was sonst in den Nachbarstaaten geschah, konnte die Korinther nicht freuen. Reisende aus Athen berichteten, dass die langen Mauern von der Stadt nach dem Piraieus fertig geworden wären; damit hatten die Athener einem etwaigen Einfall der Peloponnesier in Attika, der noch als das einzige Mittel erschien die Athener zu schädigen, den grössten Teil seiner Wirkung im voraus entzogen, da ja nun die Verbindung zwischen Stadt und Meer gesichert war. Ziemlich um dieselbe Zeit musste Aigina, das trotz der korinthischen Hilfe die See nicht hatte behaupten können, sich der athenischen Blokadeflotte ergeben und verlor seine Selbständigkeit. Dann sahen die Korinther zweimal das Gebiet des nahen Sikyon durch die Athener verwüstet, das erste Mal durch Tolmides auf der ebenerwähnten Umfahrt um den Peloponnes, das andere Mal (454 oder 453) durch Perikles, der von Pagai aus mit tausend Mann eine Landung im Sikyonischen machte.³⁶ Bei der geringen Entfernung von nur drei Stunden mussten natürlich die Korinther in Angst sein, dass dieser Angriff auf die Nachbarstadt auch sie in Mitleidenschaft ziehen könnte; gewiss rückte die waffenfähige Mannschaft in diesen Tagen an die Grenze, den Nemeabach,³⁷ und vieler Augen beobachteten von Akrokorinth aus die Bewegungen der feindlichen Flotte; und als man sie auf die Nachricht vom Anzug eines spartanischen Hilfsheeres weiter nach Westen segeln sah, da wusste man, dass die korinthischen Kolonien und Niederlassungen an der akarnanischen Küste gefährdet seien. Ja selbst der einzige Erfolg, den in den Jahren nach der Schlacht bei Tanagra die spartanischen Waffen errangen, schlug für die Korinther zu einem Nachteil um. Als nämlich die Messenier auf Ithome sich durch 10jährigen tapferen Widerstand³⁸ freien Abzug erkämpft hatten unter der Bedingung, dass sie den Peloponnes verliessen, da wurden sie von den Athenern, die sich längst von der kimonischen Politik losgesagt hatten, in Naupaktos im Lokrerlande angesiedelt als Wächter der Öffnung des korinthischen Meerbusens nach Westen. Nun passierte kein korinthisches Fahrzeug mehr unbeobachtet die enge Strasse zwischen Rhion und Antirrhion; es war jetzt auch am westlichen Ende des Golfes eine feste Station geschaffen, von der aus jederzeit die Durchfahrt korinthischer Schiffe belästigt und der Verkehr mit dem Kolonialgebiet

---

35. I, 108. E. Curtius im Hermes X, 229. — **36.** I, 111. Plut. *Pericles* 19. — **37.** Dort und nicht bei Nemea in Argolis war es natürlich auch, wo die Sikyonier sich der Landung des Perikles widersetzten. Plut. *Per.* a. a. O. und Busolt II, 503, Anm. 8. — **38.** Die Chronologie des 3. messenischen Krieges ist bekanntlich wieder schwierig; es bleibt in jedem Falle eine Unebenheit. Hält man sich an Thukydides (I, 101), so kann das Erdbeben in Sparta nur in das Jahr 465/4 gesetzt werden; denn es hängt ursächlich mit der den Thasiern nicht geleisteten Hilfe zusammen und der thasische Aufstand wieder mit der genau zu berechnenden (4, 102) Niederlage der Athener bei Drabeskos in Thrakien. Das Ende des messenischen Krieges aber fällt nach Thukydides in sein 10. Jahr, also 455. Bei dieser Annahme bleibt erstens merkwürdig, dass Thukydides, der doch gerade die Chronologie besonders berücksichtigen will, das Ende des Krieges nicht im 111. Kapitel, sondern noch vor dem Abfall Megaras von Sparta (459) erzählt, und zweitens muss man sich doch wundern, dass Sparta vor der Beendigung des Krieges an seiner Grenze Luft hatte (457) sich in die Verhältnisse Mittelgriechenlands einzumischen und einen auswärtigen Feldzug zu unternehmen. Andert man aber mit K. W. Krüger (histor.-philolog. Studien I, 156 flg.), Classen, v. Stahl, Busolt (II, 475, 1 wo die Gründe zuletzt zusammengefasst sind) δεκάτῳ ἔτει bei Thukydides in τετάρτῳ (δ' = 4), so spricht gegen die Begrenzung des messenischen Krieges auf die Jahre 464—461 der Umstand, dass Diodor II, 63. 84 ebenfalls die Dauer des Krieges auf mindestens 10 Jahre angiebt. Hält man endlich mit v. Wilamowitz (Aristoteles u. Athen II, 295) an dem Ende des zehnjährigen Krieges vor Beginn der athenisch-korinthischen Verwickelung (459) fest, so befindet man sich zwar in Übereinstimmung mit Diodor, den Krieg 468 beginnen lässt, muss aber einen Irrtum des Thukydides oder doch eine Verwechselung des Kriegsanfangs (468) mit der gefährlichsten Phase des Kampfes (465) annehmen, was doch auch nicht voll befriedigt. Ich bin im Text mit Grote, Curtius, Duncker, Schäfer, Unger und Beloch der gewöhnlichen Datierung gefolgt. Wer die Änderung in τετάρτῳ oder den Ansatz von v. Wilamowitz vorzieht, muss die Beengung der Korinther in ihrem Golfe durch die messenischen Ansiedler in Naupaktos bereits einige Jahre früher (459) beginnen lassen. Der Zustand der Behinderung im korinthischen Meerbusen wäre dann schon Voraussetzung für die Seekämpfe der ägyptisch-korinthischen Koalition gegen Athen im saronischen. Sonst wird die korinthische Geschichte, soweit wir sie kennen, durch diese Änderung nicht weiter berührt.

der Stadt gehindert werden konnte. Und das war um so beschämender und nachteiliger als gerade kurz vorher, wie u. a. aus dem Vorkommen korinthischer Prägung in dieser Gegend hervorgeht, die Korinther dort Einfluss gewonnen und einen gegen Athen gerichteten Synoikismos der Lokrer zustande gebracht hatten.[39] Alles in allem genommen war die Lage Korinths im Jahre 454 eine in jeder Beziehung missliche und beengte. Von den Nachbarn hielten nur noch die Sikyonier, Epidaurier und Phliasier zur spartanischen Symmachie; Megara, Argos, Achaja, Boiotien und Phokis standen unter athenischem Einfluss.

Dieser Zustand dauerte drei Jahre 454—451, d. h. bis zu dem fünfjährigen Waffenstillstand, den Sparta mit Athen abschloss. Neue Plünderungszüge um die Küsten des Peloponnes erfolgten allerdings in diesem dreijährigen Zeitraum nicht, wohl infolge der Abmachungen zwischen Perikles und dem aus der Verbannung zurückgerufenen Kimon, der darauf verzichtete die innere Entwickelung Athens in demokratischem Sinne noch weiter zu hindern, dafür aber die Kriegsmacht des Staates zur Weiterführung seiner eigentlichen Aufgabe, des Kampfes gegen Persien, aufs neue unter seinen Befehl gestellt sah. Es war diese Ablenkung der athenischen Kriegslust immerhin ein Vorteil für Korinth, aber da die eroberten oder befreundeten Plätze -- Pagai, Aigosthenai, Naupaktos und die Häfen der Achaier — in den Händen der Athener blieben, so dauerte für die Korinther der Zustand der Beschränkung und Behinderung in ihren eigenen Gewässern fort, der Handel nach dem Westen blieb gefährdet und sie konnten sich dem Gefühl der Ruhe nicht überlassen.

Der thatsächliche Zustand gegenseitiger Waffenruhe wurde im Jahre 450 durch Abschluss eines Waffenstillstandes zwischen Athenern und Spartanern auf fünf Jahre gesetzlich festgelegt.[40] Korinth gewann durch diesen von Kimon vermittelten Vertrag wenig, da er auf dem *status quo* abgeschlossen wurde, also die Athener im Besitz der von ihnen besetzten peloponnesischen Plätze liess; auch wurde der Waffenstillstand nicht einmal die fünf Jahre hindurch gehalten. Von grösserem Vorteil mochte für die Korinther der ziemlich um dieselbe Zeit abgeschlossene dreissigjährige Friede zwischen Sparta und Argos sein; sie wurden dadurch für ein Menschenalter von einem zu kleineren Grenzfehden immer bereiten[41] Gegner befreit und konnten ihre Kräfte sammeln zur Erneuerung des Krieges mit Athen, mit dem, wie man in Korinth am deutlichsten sehen konnte, über kurz oder lang entscheidend gekämpft werden musste.

Die Stellung Korinths zum Abschluss des spartanisch-athenischen Waffenstillstandes ist verschieden beurteilt worden. E. Curtius[42] meint, die Korinther hätten das Zustandekommen eines eigentlichen Friedens unter den für sie so ungünstigen Bedingungen, die Kimon anzubieten hatte, nicht zugegeben und nur in einen zeitlich begrenzten Stillstand der Waffen eingewilligt. Duncker[43] dagegen schliesst aus der bedrängten Lage von Korinth, Phlius, Epidauros auf ein besonders starkes Friedensbedürfnis dieser kleineren Staaten und sucht den Widerstand gegen den Abschluss eines längeren Vertrags in Sparta selbst, wo man den von Athen gesuchten Frieden nur zu den höchsten Preisen habe bewilligen wollen. --- Dass Korinth zur Wiederherstellung seiner Kriegsmacht und zur Wiederanknüpfung der gelockerten Verbindungen mit dem Westen einige ruhige Jahre dringend nötig hatte, können wir Duncker gern zugeben, und so mag der Waffenstillstand der Stadt wohl erwünscht gewesen sein; aber ebenso sicher ist Curtius darin beizustimmen, dass die Korinther sich einem dauernden Frieden auf dem *status quo*, der den korinthischen Meerbusen den Athenern und ihren Freunden überliess, energisch widersetzen mussten. Es bedurfte noch einmal eines starken Druckes auf die Athener, um diese zu Bedingungen herabzustimmen, unter denen auch die Korinther, ohne ihre ganze Stellung in Griechenland aufzugeben, in den dauernden Frieden willigen konnten.

Unter diesen Umständen konnten die Friedensjahre nur eine Vorbereitungszeit für den später zu erwartenden Krieg sein. Schon im Jahre 448 kam der Waffenstillstand in Gefahr ge-

---

39. Curtius im Hermes X, 237 flg. — **40.** I, 112. Diodor 11, 86. — **41.** Inscr. Phil. 51: Ἀργεῖοι σπενδόμενοι, ἐξ ὥσπερ τὴν πόλιν οἰκοῦσιν, πρὸς τοὺς ἱππέας. — **42.** Gr. Gesch. II⁵, 180. — **43.** Gesch. d. Altert. VIII, 362. 364.

brochen zu werden. Die Lakedaimonier schickten damals ein Heer nach Mittelgriechenland, um die Delphier vor den Übergriffen der Phoker zu schützen. Die Athener waren entschlossen den Phokern gegen das lakonerfreundliche Delphi zu helfen, traten aber den Spartanern nicht bewaffnet entgegen, sondern warteten deren Abzug ab, um dann ebenfalls einzurücken und Delphi den Phokern wieder zu übergeben. So wurde damals der offene Kampf noch vermieden.[44] Im nächsten Jahre trat ein Umschwung in Boiotien ein; durch die Niederlage des Tolmides bei Koroneia verloren die Athener ihren Einfluss in den boiotischen Städten; ihre Parteigänger wurden verjagt und die alten Verfassungen wieder eingerichtet. Da glaubten die Korinther die Zeit gekommen auch ihrerseits einen Schlag gegen das verhasste Athen zu führen. Für sie war der Anfang alles Unglücks der Krieg mit Megara gewesen; erst der Übertritt Megaras zu den Athenern hatte diesen die Möglichkeit gewährt als Herren im korinthischen Meerbusen aufzutreten. Die Korinther werden Versprechungen nicht gespart haben, um den Megarern die Rückkehr in das frühere Bundesverhältnis als verlockend erscheinen zu lassen; andererseits waren die Athener nicht gewöhnt ihre Bundesgenossen besonders rücksichtsvoll zu behandeln — kurz im Jahre 446 war das wohlvorbereitete Komplott zum Ausbruch reif. Fast gleichzeitig mit den ebenfalls durch Athen gereizten Euboiern erhoben sich die Megarer, überfielen mit Unterstützung der stets verbündeten Korinther, Sikyonier und Epidaurier die athenischen Posten in ihrem Lande und vernichteten sie mit Ausnahme der Besatzung von Nisaia, die sich behauptete; die Häfen wurden zwar noch durch die dort ankernden attischen Schiffe gehalten, doch war eine Behauptung gegen den Willen der Megarer auf die Dauer nicht wohl möglich.[45] Es ist nicht zu bezweifeln, dass die Korinther die ganze Aktion vorbereitet und geleitet hatten, und ihrer umsichtigen Thätigkeit war es auch zu danken, dass bald nach dem Abfall Megaras, ehe noch Perikles sein Heer aus Euboia heranführen konnte, ein peloponnesisches Aufgebot über den Isthmos zog und die Ebenen von Eleusis und Thria verwüstete. Zwei Menschenalter früher war Athen in einer ähnlichen Lage durch den Abzug der Korinther vom Heere gerettet worden.[46] Jetzt wünschten diese gewiss am sehnlichsten die von ihnen geschaffene Situation gegen Athen auszunützen. Aber wie damals die Grossväter dem spartanischen König Kleomenes durch ihren Widerspruch den Feldzug verdorben hatten, so verdarb jetzt König Pleistoanax, indem er Geld von Perikles nahm, den Enkeln das Spiel.[47] Unverrichteter Sache ging das Heer über den Isthmos zurück. Megara allerdings blieb den Athenern verloren, aber Euboia, von den Peloponnesiern im Stich gelassen, bekam die Rache der Sieger zu fühlen. Die Athener konnten sich freilich nicht verhehlen, dass sie nur durch die diplomatische Geschicklichkeit ihres Führers und durch glückliche Umstände einer grossen Gefahr entgangen waren. Der Verlust von Boiotien und Megara machte sie fügsamer, und so willigten sie in einen Frieden, wie ihn vor fünf Jahren Kimon seinen Landsleuten nicht hatte heimzubringen gewagt. Athen gab Nisaia und Pagai in Megara, dann Troizen in Argolis und die achaiischen Häfen definitiv auf[48] und verzichtete damit auf Stützpunkte seiner Macht im Bereich der lakedaimonischen Symmachie. Was aus Chalkis, dem einst den Korinthern von Athen weggenommenen Städtchen in Aitolien, wurde, ist nicht überliefert; aber selbst wenn es die Korinther nicht wiederbekommen hätten, wie sie auch Naupaktos nicht loswurden, so war doch der auf 30 Jahre abgeschlossene Friede ein grosser Erfolg für Korinth.

Die meisten der umliegenden Staaten, fünf Jahre früher beim Abschluss des Waffenstillstandes noch auf seiten der Athener, hatten jetzt entweder ihren Frieden mit Sparta gemacht, wie Argos, oder waren geradezu zur peloponnesischen Symmachie zurückgekehrt, wie Megara, oder hatten sich doch mit Athen überworfen, wie Boiotien. Im Bunde mit seinen treuen Kampfgenossen aus dem letzten Kriege, den Epidauriern und Sikyoniern, im festen Anschluss an Sparta, dem es

---

44. I, 112, 5. — 45. I, 113, 114 (ἐπαγγελλομένων Κορινθίων καὶ Ἐπιδαυρίων καὶ Σικυωνίων, δυστρατεύειν ἐπὶ Μεγαρεῖς). In anderer Reihenfolge und ohne Erwähnung der Korinther bei Diodor XII, 5, 6. — 46. Herod. V, 75. — 47. II, 21, 1. V, 16, 3. Plut. Perikl. 22. — 48. I, 115, 1.

vielerlei Dienste geleistet hatte, nicht mehr bedroht von athenischen Vorposten am korinthischen Meerbusen und im ungestörten Besitz seiner Verbindungswege nach dem Westen stand Korinth im Jahre 445 verhältnismässig mächtig da und konnte einem etwaigen Wiederausbruch des Krieges mit grösserer Ruhe entgegensehen. Freilich schien dieser jetzt nach Abschluss des definitiven Friedens in weitere Ferne gerückt als fünf Jahre vorher, aber das sagten sich gewiss die korinthischen Staatsmänner, dass innerhalb der peloponnesischen Symmachie gerade ihr Staat am meisten Reibungen mit Athen ausgesetzt wäre und deshalb auch am leichtesten Ursache zum Wiederausbruch der Feindseligkeiten geben könnte. Immerhin dauerte der Friede 13 Jahre lang; dann traten im Jahre 433 zunächst Korinther und Athener einander wieder mit den Waffen gegenüber und zwei Jahre später erweiterte sich diese Fehde zu dem Krieg, der zwischen Sparta und Athen entscheiden sollte.

Nach Abschluss des Friedens begann in Athen die Bauthätigkeit auf der Akropolis. Anfangs war Perikles geneigt gewesen den Wiederaufbau der von den Persern zerstörten Tempel und die Erfüllung noch uneingelöster Gelübde als eine panhellenische Angelegenheit zu behandeln, und es sollen von Athen aus mündliche Einladungen zu einem allgemeinen Kongress aller griechischen Staaten ergangen sein. Aber zur Ausführung dieser Idee hätte es einer Stimmung bedurft, wie sie bald nach Salamis und Plataiai — und auch damals nur vereinzelt — herrschte; nach 10jährigem Kriege aber konnten die Gegner sich nicht mehr zu solchem panhellenischen Werke einigen. „Die Lakedaimonier", so fand Plutarch[49] in seinen Quellen, „waren dagegen und das Anerbieten wurde zuerst im Peloponnes abgelehnt". Dass dabei die Korinther als alte Sachverständige in Kunstsachen und besonders im Tempelbau besonders interessiert waren, lässt sich denken. Vermutlich lehnten auch sie die Idee ab den Athenern gewissermassen die Hegemonie in Kunstsachen zu übertragen. Selbstverständlich aber verfolgten sie das, was Athen dann auf seiner Burg mit seinen und seiner Bundesgenossen Kräften schuf, mit lebhafter Teilnahme, und gewiss dachte mancher Korinther angesichts des Parthenon mit Wehmut der entschwundenen Zeit, wo Korinth die Führung in der Architektur gehabt hatte und aus seinen Mauern der Baumeister eines der berühmtesten Tempel des älteren Griechenlands, des Heiligtums in Delphi, hervorgegangen war.[50]

Die bisherige Darstellung hat sich fast ausschliesslich mit Korinth als einem Teile des hellenischen Bundes gegen Persien oder als einem Gliede der peloponnesischen Symmachie beschäftigt und seine Stellung zu den anderen gleichgeordneten Staaten von Hellas zum Inhalt gehabt. Die Stadt war aber auch der Mittelpunkt eines Kolonialreiches und die Metropolis zahlreicher Tochterstädte, und wenn auch die Quellen für diesen Teil der korinthischen Geschichte äusserst spärlich fliessen, so soll doch das Wenige, was wir über das Verhältnis Korinths zu seinen Kolonien während des in Frage kommenden Zeitraums wissen, noch kurz zusammengestellt werden.

Vier verschiedene Formen des Verhältnisses zwischen Mutter- und Tochterstadt lassen sich unterscheiden und durch Beispiele belegen. Da gab es zunächst (1) kleine korinthische Städtchen an fremden Küsten, ohne selbständiges politisches Leben, von korinthischen Kaufleuten mit ihren Gehilfen bewohnt, welche den Austausch korinthischer Industrieprodukte gegen die Naturerzeugnisse der betreffenden Hinterländer besorgten. Eine solche „korinthische Stadt" (Κορινθίων πόλις) war Chalkis an der Südküste von Aitolien, das bei dem Plünderungszug des Tolmides an die Athener verloren ging,[33] ein ähnliches Städtchen (Κ. πόλισμα) Sollion in Akarnanien, das im ersten Jahre des peloponnesischen Krieges das gleiche Schicksal hatte.[51] Auch Astakos kann dieser Gruppe zugerechnet werden; denn wenn es auch von einem einheimischen Tyrannen namens Euarchos beherrscht wurde, so muss dieser Akarnanen doch ganz unter korinthischem Einflusse gestanden haben, weil sonst die Korinther nach seiner Vertreibung durch die Athener es sich gewiss nicht einen besonderen Kriegszug hätten kosten lassen um ihn wieder einzusetzen.[52] Unter den selb-

49. Plut. Per. 17. — 50. Paus. X, 5, 13. — 51. II, 30, 1. — 52. II, 80. 33.

ständigen Kolonien Korinths nimmt zunächst Potidaia auf Pallene insofern eine besondere Stellung (2) ein als es die einzige uns bekannte korinthische Kolonie ist, auf deren Regierung die Mutterstadt durch jährliche Absendung von Epidemiurgen einen regelmässigen, gesetzlich geordneten Einfluss sich bewahrt hatte.[53] Dieses engere Verhältnis zwischen Potidaia und Korinth kam auch in der oben S. 22 erwähnten Thatsache zum Ausdruck, dass bei Plataiai die Potidaiaten mit besonderer Erlaubnis des Pausanias sich an die Korinther anschlossen, während die Kontingente der anderen korinthischen Tochterstädte selbständig in die Schlachtreihe eingereiht waren. Trotzdem gehörte Potidaia zum attischen Seebund, ein schwieriges Verhältnis, das den Keim kriegerischer Verwickelungen in sich barg. Eine dritte Gruppe (3) bildeten die grösseren Kolonien am ionischen Meere wie Leukas, Anaktorion, Ambrakia, Apollonia, selbständige Gemeinwesen, aber doch unter korinthischem Einflusse; sie unterstützten die Politik der Mutterstadt, hätten z. B. im Perserkriege bei ihrer geschützten Lage ohne Anregung von Korinth aus wohl kaum Schiffe zur gemeinsamen Flotte geschickt, aber sie erwarteten in Bedrängnis auch Hilfe von Korinth und liessen sich in diesem Falle selbst eine militärische Besetzung gefallen. Quellenmässig belegen lassen sich freilich diese Angaben nur aus der Zeit der Perserkriege und dann wieder seit dem Beginn der korinthischkerkyraiischen Verwickelung, die zum peloponnesischen Kriege führte. In der Zwischenzeit werden die Städte kaum einmal genannt und ihr Verhältnis zu Korinth, soweit es sich nicht in Thaten und Reden eben aus der Zeit nach dem 30jährigen Frieden spiegelt, kann für die Zeit von 479 bis 445 nur aus der allgemeinen politischen Lage und etwa aus dem Stillschweigen der Schriftsteller bei gewissen Anlässen erschlossen werden. So muss das Lob, welches die Korinther selbst in ihrer Rede an die Athener den Tochterstädten wegen ihrer Anhänglichkeit und Pietät zollen,[54] natürlich auf die ganze letzte Zeit bezogen werden, und es ergiebt sich daraus für die Pentekontaetie ein freundliches Verhältnis zwischen den genannten Kolonien und der Mutterstadt. Doch scheinen diese den Korinthern im Kampfe mit den Athenern (459) nicht beigestanden zu haben, weil Thukydides in diesem Falle wohl nicht von „den peloponnesischen Schiffen" spricht und neben den Epidauriern eben auch sonstige Helfer erwähnen würde, gerade wie er bei dem Zug der Korinther nach Epidamnos alle ihre Bundesgenossen aufzählt, selbst die, die nur ein einziges Schiff gestellt hatten.[55] Weiter ist es selbstverständlich, dass das Auftreten der Athener im korinthischen Meerbusen und die Ansiedelung der Messenier in Naupaktos Störungen in den regelmässigen Verkehr zwischen Korinth und den genannten Städten gebracht und dass das Heransegeln der attischen Flotte in den Jahren 456 und 454 die Bewohner von Leukas und Anaktorien nicht weniger beunruhigt haben wird als die Korinther selbst, wenn auch zunächst nur Chalkis den Feind zu sehen bekam.

Wieder anders (4), wenn auch nicht ganz gleich standen die beiden grössten Kolonien Korinths zur Mutterstadt, Kerkyra und Syrakus. Kerkyra, nach seiner Besiedelung zunächst etwa ein Jahrhundert von Korinth abhängig, hatte sich zur Zeit des Niederganges der Bakchiadenherrschaft durch die bekannte älteste Seeschlacht (664) befreit, war unter Periandros wieder für einige Zeit in Abhängigkeit gerathen, dann nach dem Sturz der Kypseliden aufs Neue frei geworden und fühlte sich überhaupt nicht mehr als Kolonie, sondern als ebenbürtige Macht; Korinth erkannte das auch gelegentlich selbst an, wenn beide Staaten gemeinsam intervenierten, wie in Sizilien,[16] oder gemeinsam das Recht der Mutterstadt ausübten, wie in Anaktorion.[56] Aber es war den Korinthern doch immer ein innerer Ärger, dass Kerkyra so ganz seine ursprüngliche Stellung zu Korinth vergessen hatte, dass es bei seinen Festen die sonst den Mutterstädten willig überlassenen Ehrenrechte vorenthielt, nicht bei dem Opfer einem Korinther den Vortritt liess und überhaupt ein hochfahrendes Wesen gegen die Metropolis zeigte.[57] Von direkten Feindseligkeiten der beiden

---

[53] I, 56, 2. Vergl. Wilisch, Beiträge zur inneren Geschichte des alten Korinth (Progr. v. Zittau 1887) S. 23. — [54] I, 38, 3. — [55] I, 105, 1, vergl. mit I, 27, 2. — [56] I, 55, 1. — [57] I, 25, 4.

Staaten hören wir bis zum letzten Drittel des 5. Jahrhunderts nichts, aber dass die aus der gemeinsamen politischen Aktion in Sizilien zu erschliessende verhältnismässige Harmonie von Korinth und Kerkyra vor den Perserkriegen im Laufe der Pentekontaetie einem feindseligen Verhältnis Platz gemacht hatte, ergiebt die Vorgeschichte des peloponnesischen Krieges.

Inniger blieb das Verhältnis von Korinth zu Syrakus: hier gelang es der Mutterstadt durch vier Jahrhunderte hindurch die Rolle der Freundin, deren Hilfe in schwieriger Lage man sich gern gefallen liess, durchzuführen. Freilich liegen die Hauptbelege für diese Behauptung vor und nach der Pentekontaetie: der schon mehrfach erwähnte Schutz, den die Korinther mit den Kerkyraiern im Jahre 493 den Syrakusanern gegen Hippokrates von Gela gewährten, die Unterstützung bei der sizilischen Expedition der Athener im Jahre 414, die Sendung des Timoleon (347) zur Vertreibung des jüngeren Dionys und Wiederherstellung geordneter Zustände in der Tochterstadt. Doch fehlen auch aus dem Zeitraum zwischen dem Perserkrieg und dem peloponnesischen nicht ganz Andeutungen, die ein fortdauerndes Interesse Korinths an den sizilianischen Angelegenheiten beweisen. In Syrakus war auf die seit Gründung der Stadt bestehende Adelsherrschaft der Gamoren eine Zeit innerer Kämpfe zwischen Adel und Volk gefolgt, die eben den Hippokrates von Gela zu seinem Angriff auf die Nachbarstadt verlocken mochte. Was im Jahre 493 an dem Widerspruch der Korinther gescheitert war, das versuchte acht Jahre später mit mehr Glück des Hippokrates Nachfolger Gelon. Er nahm sich der vertriebenen Gamoren an, scheint aber zugleich auch das Vertrauen des Volkes gewonnen zu haben. Er wurde in Syrakus aufgenommen und verlegte nun dorthin den Sitz seiner Tyrannis (485).[58] Ihm folgte 478 sein Bruder Hiero bis 466.[59] Nach dessen Tode vermochte ein dritter Bruder Thrasybul die Alleinherrschaft nur ein Jahr zu behaupten; sein Sturz bezeichnete den Übergang zur Demokratie (466). So vollzog sich in der Kolonie der gleiche Wechsel der Verfassung wie in der Mutterstadt; in beiden wurde die Adelsherrschaft unter Kämpfen durch die Tyrannis abgelöst; in beiden herrschten drei Tyrannen, von denen die beiden ersten (Kypselos—Periandros, Gelon—Hieron) bedeutend waren und den Staat zu hoher Blüte brachten, der dritte aber (Psammetich—Thrasybul) zurückstand und das Erbe nach kurzer Zeit verlor. Der Unterschied bestand darin, dass sich in Korinth der Kreislauf etwa in der vierfachen Zeit vollzog[60] und dass dieses nach dem Sturz der Tyrannen eine gemässigte Verfassung einführte und Jahrhunderte lang behauptete, während in Syrakus die Tyrannis zunächst nur zwei Jahrzehnte ausfüllte, später aber nach anderthalbhundertjährigem Bestand einer zum Teil zügellosen Demokratie durch den älteren Dionys neubegründet wurde.

Dass die Korinther dem Gelon, als er sich zum Herrscher von Syrakus machte, nicht ebenso entgegentraten wie acht Jahre früher dem Hippokrates, mag erstens darin seinen Grund gehabt haben, dass die Syrakusaner selbst, das Volk ebenso wie die Aristokraten, damals damit ganz zufrieden gewesen zu sein scheinen, dass ihre Stadt der Mittelpunkt von Gelons Macht wurde; zweitens ist aber auch zu erwägen, dass in dem entscheidenden Jahre (485) die Rüstungen des Dareios Griechenland bereits so bedrohten, dass Korinth nicht wünschen konnte mit einer irgend nennenswerten Abteilung seiner Flotte sich in Sizilien zu engagieren, während doch ohne eine solche Machtentfaltung ein Eintreten für Syrakus wenig Aussicht auf Erfolg geboten haben würde.

Etwa vier Jahre später traf bei Gelon die Gesandtschaft der verbündeten Griechen ein, die ihn zur Hilfeleistung gegen Xerxes bestimmen sollte.[61] Die Weigerung des Herrschers erklärt sich aus seiner eigenen gefährdeten Lage; die Karthager waren gerade im Begriff gegen ihn vor-

---

58. Herod. VII, 155. Holm Gesch. Sik. I, 202. — 59. Die Zeitbestimmungen bei Diod. XI, 38 und 66. — 60. Die korinthische Tyrannis bestand 78½ Jahr in drei Generationen (Aristot. pol. 5, 9, 21), die syrakusanische gegen 20 Jahr in einer Generation: Kypselos 30, Gelon 7, Periandros 40½, Hieron 11½, Psammetich 3, Thrasybul 1. — 61. Her. 7, 157—162. Holm I, 209. Busolt II, 260 (Chronologie).

zugeben. Wenn sich bei der Gesandtschaft, wie oben als wahrscheinlich vorausgesetzt wurde, auch Vertreter Korinths befanden, so blieb das doch ohne Bedeutung. Die damaligen Regierungskreise in Korinth, deren Stimmung gegenüber der Tyrannis etwa die Rede des Sokles veranschaulichen kann, hatten jedenfalls wenig Sympathie für das nicht einmal einheimische Tyrannenhaus in Syrakus. Gelon wird dies gewusst und Pietätsgefühlen gegenüber der Mutterstadt seiner neuen Residenz schwerlich irgend welchen Einfluss auf seine Entschliessungen eingeräumt haben. So kämpften die Ostkorinther und die Westkorinther auf getrennten Schlachtfeldern gegen die Orientalen, und wenn die Bürger der Metropolis selbst nur die dritte Stelle behaupteten, so konnten sie mit Stolz auf ihre Kolonisten blicken, denen als Vorkämpfern der Westgriechen gegen die Karthager der erste Siegespreis gebührte. — Die erste Nachricht von dem Erfolge der Hellenen bei Salamis gelangte von Korinth aus nach Sizilien.[62]

Als Gelons Bruder Hieron den Thron bestieg, war die Perser- und Karthagernot vorüber. Aus seiner Regierungszeit haben wir ein friedliches Bild des Verkehrs zwischen Korinth und Syrakus. Hieron wollte einen Dreifuss und eine Nike aus geläutertem Golde weihen, hatte aber Schwierigkeit mit der Beschaffung des dazu nötigen Metalls. Endlich erhielt er von dem Korinther Architeles, der seit lange Gold in kleinen Quantitäten zusammengekauft hatte, die nötige Menge und eine Handvoll ohne Bezahlung zu. Der Fürst erwiderte das Geschenk durch Absendung eines mit Getreide beladenen Schiffes und vieler anderer Gaben. Diese Erzählung Theopomps[63] zeigt, dass die Beziehungen Hierons zu Korinth damals keine schlechten gewesen sein können. Deshalb lässt sich auch vermuten, dass Korinth mindestens als Sammelplatz beteiligt war, als Hieron im Jahre 476/5 die Stadt Katana ihrer bisherigen Bewohner beraubte und mit zehntausend neuen Bürgern zur Hälfte aus Syrakus, zur Hälfte aus dem Peloponnes bevölkerte.[64] Ein Sieg Hierons über die Etrusker im Jahre 474 hat für unsere Kenntnis der Entwickelung des korinthischen Alphabets eine gewisse Bedeutung; ihm verdanken wir nämlich den Helm, der vom Sieger nach Olympia geweiht und im Jahre 1817 im Alpheiosschlamm gefunden wurde. Der Helm trägt eine Inschrift, in welcher die charakteristischen Formen des altkorinthischen und natürlich auch altsyrakusischen Alphabets bereits den gewöhnlichen gewichen sind, ganz ähnlich wie auf dem Tanagraschilde (S. 37).[65]

Weiter finden wir Korinth in die Geschichte von Sizilien verflochten bei den Wirren, die das Auftreten des Sikulerfürsten Duketios[66] hervorrief. Dieser griff, als die Herrschaft der Deinomeniden in Syrakus zusammengebrochen war, im Jahre 461 die in Aitna umgetaufte Stadt Katana an. Die Bewohner dieses neuen Katana, zu denen eben auch die aus dem Peloponnes Gekommenen gehörten, standen als eine Schöpfung des Hieron der in Syrakus neu eingerichteten Demokratie nicht freundlich gegenüber; sie wurden von Duketios und den Syrakusanern gemeinsam belagert, zur Ergebung gezwungen und weiter im Innern angesiedelt. Zehn Jahre später aber finden wir die verbündeten Sieger im Kampfe gegen einander. Duketios wollte als Haupt eines über die ganze Insel verbreiteten Sikulerbundes den Einfluss der Griechen zurückdrängen, die Syrakusaner aber fühlten sich auch hier als Vorkämpfer der Hellenen. Nach anfänglichen Erfolgen unterlag Duketios im Jahre 451 in einer heissen Schlacht und als seine Lage nun schwierig wurde und er sich von dem Verrat seiner eigenen Leute bedroht sah, fanden ihn eines Morgens die Syrakusaner als Schutzflehenden am Altar auf ihrem Markte. Nach längeren Verhandlungen beschlossen sie ihn zu schonen und nach Korinth zu senden, wo er nun eine Zeitlang als Verbannter oder Gefangener lebte, ein Mitglied der zu allen Zeiten in Korinth zahlreichen Fremdenkolonie. Aber bald landete er wieder in Sizilien, indem er vorgab durch ein Orakel aufgefordert worden zu sein an der Nordküste von Sizilien eine Niederlassung zu gründen. Diodor stellt dies als einen Wortbruch gegenüber den

---

62. Diod. XI, 26. — 63. Athen. VI, 231 F. — 64. Diod. XI, 49. — 65. Diod. XI, 51. Pind. Pyth. I, 72. E. Willisch, altkor. Thonind. 160. — 66. Diod. XI, 76. 78. 88. 90—92. XII, 8.

Syrakusanern dar; da aber die Korinther den ihnen anvertrauten Sikulerfürsten „mit vielen Ansiedlern" absegeln liessen, also an eine heimliche Flucht nicht gedacht werden darf, so hat die Kombination von Holm,[67] der eine stillschweigende Einwilligung der Syrakusaner in die Rückkehr des Duketios voraussetzt, viel Ansprechendes; und da später die Agragantiner den Syrakusanern wegen der Begnadigung des Duketios zürnen, so ist es wahrscheinlich, dass von vorn herein die Freilassung des Gefangenen ein Schachzug gegen Agragas war bestimmt dem Aufstreben dieser Nebenbuhlerin einen Dämpfer aufzusetzen. Auch bei dieser ganzen Angelegenheit aber ist ein freundschaftliches Verhältnis zwischen Korinth und Syrakus vorauszusetzen. Korinth vermied es sich in die Verfassungskämpfe der Kolonie einzumischen, wenn nicht ein bestimmtes Hilfsgesuch vorlag, wie zur Zeit Timoleons, und begnügte sich als auswärtige Macht politische Dienste zu leisten, die durch eine von dem Wechsel der Verfassung unberührte Anhänglichkeit und gewiss auch durch reiche Handelsvorteile vergolten wurden.

Auch in Mittelitalien war damals der Name der Korinther allbekannt; seit mindestens hundert Jahren handelten diese mit den Etruskern, wie die korinthischen Vasen in Cäre beweisen. An dem hohen Alter dieser Stücke kann man nicht mehr zweifeln, nachdem sich unter den bei Akrokorinth gefundenen Weihetäfelchen aus dem 7. oder 6. Jahrhundert eins gefunden hat, auf welchem ein Schiff mit Thongefässen überseeischen Export von keramischen Produkten darstellt; und ebensowenig konnte Korinth als Mutterstadt des seemächtigen Syrakus den Bewohnern Italiens unbekannt bleiben. Deshalb darf auch als sicher angenommen werden, dass die römischen Gesandten, die vor Entwerfung der Zehntafelgesetze um das Jahr 452 fremde Gesetze studierten, auch in Korinth vorsprachen.[68] Der Umstand, dass Cicero eine römische Gesetzesbestimmung über die Stellung von Kriegspferden durch Erbtöchter direkt auf Korinth zurückführt,[69] erhebt diese Vermutung zu hoher Wahrscheinlichkeit. Eine Spiegelung dieser alten Beziehung von Rom zu Korinth ist der angebliche Bakchiadenabkömmling Tarquinius auf dem Thron der Siebenhügelstadt.

67. Gesch. Sis. I, 259. — 68. Liv. III, 41: *legati ... iussi inclitas leges Solonis describere et aliarum Graeciae civitatium instituta mores iuraque noscare.* — 69 *de rep.* II, 20: *atque etiam Corinthios video publicis equis adsignandis et alendis orborum et viduarum tributis fuisse quondam diligentis.*

Zeittafel.

um 550	Korinth tritt zur peloponnesischen Symmachie.
545	Spintharos von Korinth leitet den Neubau des delphischen Tempels.
524	Die Korinther ziehen mit den Spartanern gegen Polykrates von Samos.
519 (509?)	Die Korinther entscheiden in einem Kampfe zwischen Athenern/Plataiern und Thebanern gegen Theben.
506	Sie leisten dem König Kleomenes von Sparta Heeresfolge gegen Athen, ziehen aber vor der Schlacht ab.
505	Korinth zeigt sich athenerfreundlich in der Versammlung des peloponnesischen Bundes. Rede des Sokles.
c. 493	Korinth vermittelt gemeinsam mit Kerkyra zwischen Gela und Syrakus.
c. 488	Korinth leiht den Athenern zwanzig Schiffe gegen Aigina.
c. 486	Streit Korinths mit Kerkyra über Leukas, von Themistokles zu gunsten der Kerkyraier entschieden.
485	Gelon macht sich zum Herrscher von Syrakus.
481/0 Winter	Erstmaliger Zusammentritt des Synedrion auf dem Isthmos. Gesandte werden nach Kerkyra und Syrakus abgeschickt. (Boten des Xerxes verlangen auch in Korinth Erde und Wasser.)
480 Frühling	Bei Korinth sammelt sich das zur Besetzung des Tempepasses bestimmte Heer. Potidaia muss zum Heere des Xerxes Schiffe und Mannschaft stellen.
Sommer	Korinth stellt 400 Mann zur Besetzung der Thermopylen und 40 Trieren unter Adeimantos zur Flotte; es nimmt teil an den Seekämpfen bei Artemision. Die Peloponnesier verschanzen den Isthmos.
Herbst	Korinth beteiligt sich mit einigen seiner Kolonien an der Seeschlacht bei Salamis und an der Verfolgung. Die Griechenflotte am Isthmos. Gastmahl des Themistokles.
480/79	Belagerung des von den Persern abgefallenen Potidaia durch Artabazos.

479	Im Sommer die Arbeit der Isthmosverschanzung wieder aufgenommen. Im Herbst Beteiligung Korinths an der Schlacht bei Plataiai mit 5000 Hopliten unter Fuhrung des Kleokritos, der auch als Vermittler auftritt, und an dem Kampfe bei Mykale. Heimkehr der korinthischen Schiffe (September).
479/8	Korinth sucht den Mauerbau in Athen zu hindern.
478	(Anteilnahme Korinths an dem Seezuge des Pausanias)
478/7	Korinthische Schiffe überwintern am Hellespont.
477 Frühling	Bildung des attischen Seebundes. Die korinthischen Schiffe kehren mit dem Spartaner Dorkis in die Heimat zurück.
476	König Leotychides von Sparta in Korinth. (Beteiligung Korinths an dem Zuge nach Thessalien.)
476/5	Gefahr der peloponnesischen Flotte, die in Pagasai überwintert. — (Korinth Sammelplatz für peloponnesisches Volk nach Sizilien.) Architeles von Korinth verkauft Gold an Hiero von Syrakus (478—466).
474	Heim des Hiero.
468	Die Korinther fallen in das Gebiet von Kleonai ein.
464	Sieg des Korinthers Xenophon in Olympia. Pindar in Korinth.
46?	Ausbruch von Grenzstreitigkeiten mit Megara.
461	Kimon berührt bei der Rückkehr von Ithome Korinth.
460	Megara fällt vom peloponnesischen Bunde ab und nimmt attische Besatzungen auf. Die Athener in Pagai am korinthischen Meerbusen. Heftiger Hass Korinths gegen Athen.
459	Kampf der Athener und Korinther um Halieis. Die Korinther siegen, verlieren aber die Seeschlacht bei Kekryphaleia.
458	Die Korinther unterstützen die Aigineten und verlieren mit ihnen eine Seeschlacht bei Aigina gegen die Athener; sie machen einen Einfall in Megaris, erleiden aber auch dabei Verluste. Dreihundert Söldner in korinthischen Diensten.
457	Die Korinther beteiligen sich an Spartas Zug nach Mittelgriechenland, besorgen die Aufschrift des Siegeszeichens für die Schlacht bei Tanagra. — Machtlosigkeit ihrer Flotte im korinthischen Meerbusen.
456	Plünderungszug des Tolmides. Korinth verliert Chalkis.
455	Die Messenier kapitulieren und werden als Drohung gegen Korinth in Naupaktos angesiedelt.
454 (?)	Landung des Perikles in Sikyon und Akarnanien.
c. 452	Römische Gesandte in Korinth zum Studium der dortigen Gesetze.
451	Der Sikulerfürst Duketios in Korinth.
450	Fünfjähriger Waffenstillstand zwischen Athen und Sparta mit Einschluss der Bundesgenossen, wenig günstig für Korinth.
446	Megara schliesst sich wieder dem peloponnesischen Bunde an.
445	Dreissigjähriger Friede, sehr günstig für Korinth.

Dem Zittauer Osterprogramm von 1887 („Beiträge zur inneren Geschichte des alten Korinth" von E. Wilisch) war eine Übersicht über die Speziallitteratur der korinthischen Geschichte beigegeben. Diesem Verzeichnis sind jetzt hinzuzufügen:

E. Bethe, thebanische Heldenlieder (S. 178: „Korinth").
G. Busolt, die korinthischen Prytanen. Hermes XXVIII, 312—320.
P. Knapp, die Kypseliden und die Kypseloslade. Tübingen 1888.
J. Beloch, rhein. Museum L (1895), 261 flg. (Chronologie).
v. Gutschmid, chronolog. Untersuchungen u. s. w. in Kleine Schriften IV, S. 12—20 (1893).
L. Punt, quaestiones Corinthiacae. Leyden 1889.
J. Sitzler, die Lyriker Eumelus, Terpander und Alkman in ihrem Verhältnis zu Homer (1886).
A. Wormstall, de Corinthiacis tabellis fictilibus. Monast. G. 1890.
E. Wilisch, die altkorinthische Thonindustrie. Seemann. Leipzig 1892.
Antike Denkmäler 1893/4, Taf. 23 u. 24 mit Abbildungen korinthischer Pinakes.
Cecil Torr im Archäol. Anzeiger 1895 S. 171 (Pinakes mit angeblichen Schiffsdarstellungen).
P. Kretschmer, die griech. Vaseninschriften u. s. w. Gütersloh 1894 (§ 9—34 die korinth. Vasen).
G. Löschcke, über einen korinthischen Amphoriskos. Athen. Mitteil. XIX, 510—525.
H Herbst, über das korinthische Puteal. Progr. v. Altenburg 1894.

Schulnachrichten.

I. Bestand am 1. März 1896.

A. Gymnasialkommission.

Herr Bürgermeister Oertel, Ritter des K. S. A.-O. I. Kl. und des K. Pr. Kr.-O. III. Kl.
Herr Geheimer Rat Dr. iur. Haberkorn, Grosskreuz des K. S. V.-O. und Ritter des K. K. Ö. F.-J.-O.
Herr Stadtrat Mietzsch.
Der Rektor.

B. Lehrerkollegium.

Rektor Professor Dr. Konrad Seeliger.
Konrektor Professor Dr. Oskar Friedrich, Ritter des K. S. A.-O. I. Kl.
Professor Dr. Theodor Feller.
Professor Dr. Erich Wilisch.
Professor Hermann Schulze.
Oberlehrer Dr. Adolf Gelbke.
Oberlehrer Ludwig Klötzer.
Oberlehrer Dr. Hermann Eckstein.
Oberlehrer Dr. Theodor Gärtner.
Oberlehrer Dr. Robert Lamprecht.
Oberlehrer Reinhard Wolff.
Oberlehrer Julius Neumann.
Oberlehrer Emil Koch.
Oberlehrer Johannes Müller, Inhaber der K.-D.-M. 1870/1 f. K.
Gymnasiallehrer Dr. Paul Otto.
Turn- und Schreiblehrer Johann Richter, zugleich Lehrer für Stenographie.
Gesanglehrer Kantor Paul Stöbe.
Zeichenlehrer Hermann Thieme.

C. Schüler.

Nr.	Name	Geburtstag	Stand des Vaters
	Oberprima.		
1	Bernhard Jacubowsky	13.7. 1875	Grenzaufseher in Zittau
2	Paul Mühsam	17.7. 1876	Kaufmann in Zittau
3	Fritz Bechstein	18.12. 1876	Kaufmann in Grossschönau
4	Rudolf Schulze	24.10. 1876	Professor am Gymnasium in Zittau
5	Curt Resch	15.3. 1877	Pfarrer in Reibersdorf
6	Johannes Herz	13.6. 1877	Diakonus in Zittau
7	Ernst Schönfelder	10.7. 1877	Oberförster in Eichgraben
8	Arthur Kölbing	23.12. 1875	Universitätsprofessor in Breslau
9	Otto Stendner	20.1. 1876	Expedient in Mittelleutersdorf
10	Horst Moser	19.7. 1875	Oberlehrer in Zittau
11	Salo Glaser	30.8. 1876	Kaufmann in Zittau
12	Arthur Seifert	27.12. 1871	Kirchschullehrer in Herwigsdorf
13	Walter Räßer	2.2. 1876	Arzt in Niederoderwitz
14	Arthur Kind	11.4. 1875	Postverwalter a. D. in Ostritz
15	Max Bischoff	8.6. 1876	Lehrer in Olbersdorf
16	Paul Seyffert	1.2. 1877	Ceremonienmeister in Zittau
17	Hermann Leo	17.9. 1874	Pfarrer in Berzdorf a. d. E.
18	Gerhard Baumfelder	17.4. 1877	Protodiakonus in Zittau
19	Reinhold Theile	24.6. 1876	Kaufmann in Zittau
20	Franz Lucius	9.5. 1876	Rittergutspächter in Burkersdorf
21	Paul Oehme	16.8. 1875	Privatus in Zittau
22	Otto Heuer	8.7. 1877	Ziegeleibesitzer in Hecklingen, †
	Unterprima.		
23	Robert Schreiber	7.3. 1875	Handelsmann in Ebersbach
24	Emil Simmank	16.9. 1875	Schuhmacher in Eibau, †
25	Reinhard Herz	29.1. 1879	Diakonus in Zittau
26	Kurt Jentsch	14.1. 1879	Buchhalter in Grossschweidnitz
27	Paul Röthig	7.1. 1878	Pfarrer in Struppen
28	Ernst Helm	10.6. 1878	Realgymnasialoberlehrer in Zittau
29	Walter Sprotte	17.10. 1877	Postdirektor in Löbau
30	Julius Gloye	10.2. 1877	Eisenbahnbetriebsinspektor a. D. in Zittau
31	Konrad Claus	24.6. 1876	Pfarrer in Walddorf
32	Karl Lange	1.8. 1877	Restaurateur in Lauban
33	Kurt Liebe	11.8. 1876	Mühlenbesitzer in Nadelwitz
34	Bruno Helsterbergk	8.3. 1875	Justizrat in Freiberg
35	Walter Pescheck	26.6. 1874	Pfarrer in Herwigsdorf
36	Heinrich Widemann	7.4. 1878	Pfarrer in Höckendorf
37	Martin Richter	2.11. 1877	Pfarrer in Kemnitz
38	Otto Henke	26.7. 1876	Fabrikbesitzer in Niederleutersdorf
39	Rudolf Ulke	11.9. 1877	Kupferschmiedemeister in Neugersdorf
	Obersekunda.		
40	Richard Freude	21.7. 1877	Kaufmann in Ebersbach
41	Karl Potthoff	30.8. 1879	Kaufmann in Zittau
42	Otumar Bergmann	13.2. 1878	Kaufmann in Oberoderwitz, †

Nr.	Name	Geburtstag	Stand des Vaters
43	Gerhard Richter	9.3. 1879	Pfarrer in Kemnitz
44	Wolf v. Nostitz	10.2. 1876	Kapitän zur See, †
45	Manfred Scherflig	17.9. 1879	Realgymnasialoberlehrer in Zittau
46	Max Israel	30.4. 1878	Fabrikant in Walddorf
47	Walther Demisch	12.8. 1878	Kaufmann in Zittau
48	Oskar Friedrich	11.5. 1879	Konrektor am Gymnasium in Zittau
49	Paul Feurig	4.3. 1878	Pfarrer in Porschendorf
50	Max Schubert	5.10. 1877	Oberschaffner a. D. in Zittau
51	Fritz Feurig	27.1. 1879	Pfarrer in Porschendorf
52	Hans Wemme	14.6. 1879	Kaufmann in Zittau, †
53	Hermann Birnbaum	21.6. 1878	Kaufmann in Zittau
54	Ernst Waentig	30.9. 1877	Kaufmann in Zittau
55	Fritz Schnack	9.1. 1878	Bürgerschuldirektor in Zittau
56	Karl Möller	13.9. 1877	Chemiker in Zittau
57	Raimund Fiedler	26.7. 1879	Prokurist in Reichenau
58	Hermann Schaale	21.7. 1876	Oberzollinspektor in Zittau
59	Max Schulze	22.10. 1876	Güterverwalter in Leipzig
60	Paul Ficker	3.12. 1879	Amtsrichter in Lauenstein
61	Guido Fischer	22.10. 1877	Eisenbahnassistent in Chemnitz
62	Wolfram Pabst	2.7. 1877	Kommissionsrat in Löbau
63	Franz Stab	10.7. 1879	Kaufmann in Zittau, †
64	Johannes v. Römer	21.6. 1878	Rittergutsbesitzer in Wohlhausen, †

Untersekunda.

65	Hans Fröhlich	3.9. 1877	Seminaroberlehrer a. D. in Eibau
66	Kurt Kretschmar	26.5. 1879	Posthalter in Zittau
67	Richard Vogt	27.11. 1879	Lehrer in Löbau, †
68	Ernst Müller	15.10. 1879	Architekt u. Lehrer a. d. Baugewerkenschule in Zittau
*69	Walther Zschucke	5.12. 1879	Rittergutspachter in Wurschen
70	Theodor Leupolt	2.1. 1879	Diakonus in Kirchberg, †
71	Willy Hener	16.10. 1879	Ziegeleibesitzer in Hecklingen, †
72	Hans Pabst	2.7. 1877	Kommissionsrat in Löbau
73	Theodor Waentig	10.6. 1880	Kaufmann in Zittau
74	Walther Lommatzsch	20.11. 1879	Kommerzienrat in Grossschweidnitz
75	Arno Uhr	4.9. 1879	Maler in Zittau
76	Julius Goldstein	22.12. 1879	Kaufmann in Zittau
*77	Friedrich Oeser	4.2. 1879	Fabrikbesitzer in Neusalza

Obertertia.

78	Johannes Bretschneider	31.8. 1880	Gymnasialoberlehrer in Plauen i. V., †
79	Kurt Schäffer	7.8. 1880	Rentner in Zittau
*80	Gotthold Richter	15.6. 1881	Pfarrer in Kemnitz
*81	Friedrich Zietzschmann	6.11. 1880	Missionsaufseher in Erukatanchery
82	Karl Paul	27.9. 1879	Kaufmann in Grossschönau
83	Fritz Zehrfeld	17.9. 1880	Seminaroberlehrer in Löbau
84	Richard Israel	3.7. 1879	Fabrikant in Walddorf
85	Walther Gärtner	27.11. 1881	Gymnasialoberlehrer in Zittau
86	Georg Pilz	2.2. 1880	Postschaffner in Reichenau
87	Ernst Pinner	15.11. 1881	Arzt in Zittau

Nr.	Name	Geburtstag	Stand des Vaters
88	Oswald Gäbler	19.9. 1880	Rentner in Zittau
*89	Max Müller	3.9. 1882	Gymnasialoberlehrer in Zittau
90	Fritz Ehrentraut	20.11. 1880	Oberpostassistent in Zittau
91	Fritz Steffen	21.9. 1881	Kaufmann in Zittau
92	Johannes Zwicker	7.12. 1881	Bürgerschullehrer in Zittau
93	Arthur Klimt	14.8. 1879	Gärtner in Olbowen
*94	Johannes Tauberth	13.10. 1879	Pfarrer in Hainewalde
95	Walter Seibt	13.8. 1880	Glaser in Zittau
96	Erich Knothe	21.3. 1879	Oberlehrer in Wittgendorf
97	Kurt Christoph	17.1. 1879	Hotelbesitzer in Seidenberg
98	Johannes Nauenburg	27.3. 1880	Apotheker in Neugersdorf
*99	Rudolf Oehme	5.9. 1881	Major in Zittau
100	Erich Lommatzsch	2.2. 1881	Kommerzienrat in Grossschweidnitz
101	Clemens Hellner	30.11. 1880	Arzt in Oberneukirch
102	Johannes Mischner	2.2. 1880	Pfarrer in Ruppersdorf
*103	Otto v. Dewitz	11.2. 1879	Missionsschuldirektor in Niesky, †

Untertertia.

104	Fritz Oertel	10.9. 1882	Bürgermeister in Zittau
105	Walther Grunewald	12.5. 1881	Pfarrer in Neusalza
106	Paul Halank	2.1. 1882	Fabrikant in Walddorf
107	Georg Richter	27.11. 1880	Archidiakonus in Zittau
108	Walther Hoyer	27.10. 1881	Amtsgerichtssekretär in Zittau
109	Alexander Ebner	22.7. 1881	Rittergutspachter in Mittelodwerwitz
110	Johannes Heidrich	10.12. 1879	Fabrikant in Oberoderwitz
111	Paul Schmidt	1.1. 1882	Lehrer in Zittau
*112	Friedrich Richter	26.9. 1882	Fabrikant in Löbau
113	Georg Bursch	25.5. 1882	Kaufmann in Zittau
114	Karl Kroker	15.7. 1882	Rechtsanwalt in Ebersbach
115	Georg Resch	7.1. 1881	Pfarrer in Reibersdorf
116	Walther Schwaer	21.4. 1882	Kaufmann in Zittau, †
117	Rudolf Zeissig	25.1. 1882	Amtsgerichtsrat in Ebersbach
118	Kurt Garten	16.2. 1882	Schutzmann in Löbau
*119	Paul Waentig	13.11. 1881	Kommerzienrat in Zittau
*120	Georg Gerdes	24.3. 1883	Kaufmann in Meerane
121	Hans Muche	17.3. 1881	Postsekretär in Zittau
122	Albert Fiedler	27.7. 1880	Steuerkassierer in Reichenau
123	Viktor Pospišil	21.2. 1881	Pfarrer in Humpolets
124	Martin v. Römer	11.3. 1881	Rittergutsbesitzer in Wohlhausen, †
125	Egon Frende	27.2. 1882	Fabrikbesitzer in Ebersbach
126	Heinrich Claus	6.7. 1880	Pfarrer in Walddorf
127	Woldemar Schöne	26.6. 1881	Fabrikbesitzer in Wehrsdorf
128	Fritz Goldberg	21.6. 1882	Arzt in Zittau
129	Kurt Ewert	21.7. 1882	Oberförster a. D. in Zittau
130	Friedrich Kratzert	13.10. 1880	Major in Zittau

Quarta.

131	Erich Schaarschmidt	13.8. 1882	Bürgerschullehrer in Zittau
132	Friedrich Döring	30.1. 1883	Fabrikant in Eibau, †
133	Wolfgang Breuschneider	21.1. 1883	Gymnasialoberlehrer in Planen i. V., †

Nr.	Name	Geburtstag	Stand des Vaters
134	Georg Schäfer	7.8. 1882	Oberlehrer in Zittau
135	Martin Knobloch	30.5. 1884	Lehrer in Spitzkunnersdorf
136	Walther Mietzsch	24.5. 1883	Stadtrat in Zittau
137	Erich Richter	12.11. 1882	Gymnasiallehrer in Zittau
138	Friedrich Ruschke	22.3. 1883	Lehrer in Zittau
*139	Johannes Grunewald	9.11. 1882	Pfarrer in Neusalza
140	Arthur Plechatsch	10.3. 1881	Zahntechniker in Zittau
141	Kurt Helbig	4.10. 1882	Lehrer in Zittau
142	Edwin Demisch	11.5. 1883	Rentner in Zittau
143	Franz Apelt	23.12. 1882	Lehrer in Zittau
144	Konrad Kein	28.10. 1882	Fabrikbesitzer in Ostritz
145	Paul Eckstein	12.4. 1881	Gymnasialoberlehrer in Zittau
146	Hermann Matthes	25.9. 1882	Lehrer in Zittau
147	Wilhelm Peukert	21.7. 1881	Oberpostassistent in Zittau
148	Gerhard Schwaar	31.8. 1883	Kaufmann in Zittau, †
149	Arthur Tschoertner	5.7. 1883	Arzt in Zittau
150	Johannes Beer	19.2. 1883	Postsekretär in Zittau
151	Hans Kratzert	19.1. 1883	Major in Zittau
152	Kurt Zenner	1.4. 1883	Kaufmann in Zittau

Quinta.

153	Erwin Jacobi	15.1. 1884	Kaufmann in Zittau
154	Johannes Schmidt	3.1. 1884	Lehrer in Zittau
155	Willy Steffen	19.5. 1884	Kaufmann in Zittau
156	Johannes Kretschmar	12.8. 1882	Lehrer in Weigsdorf
157	Rudolf Gäbler	1.2. 1885	Rentier in Zittau
158	Martin Baumfelder	2.2. 1884	Protodiakonus in Zittau
*159	Wilhelm Neugebauer	3.4. 1885	Fabrikdirektor in Zittau
160	Karl Neumann	16.7. 1883	Gymnasialoberlehrer in Zittau
*161	Martin Nauenburg	13.9. 1882	Apotheker in Neugersdorf
162	Ernst Franz	24.5. 1883	Oberpostassistent in Zittau
163	Rudolf Büttner	25.3. 1883	Badenverleiher in Zittau
164	Otto Reiche	2.1. 1883	Kantor in Reibersdorf
165	Erich Berger	1.3. 1884	Pfarrer in Kühnhaide
166	Horst Törcke	6.1. 1884	Kaufmann in Zittau
167	Martin Lange	10.8. 1882	Postverwalter in Olbersdorf
168	Fritz Posern	24.7. 1883	Hauptzollamtsrendant in Zittau
*169	Martin Jäkel	8.10. 1883	Pfarrer in Hirschfelde
*170	Walther Ebner	24.5. 1883	Garnisonsverwaltungsinspektor in Zittau

Sexta.

*171	Reinhold Schmidt	10.12. 1884	Lehrer in Zittau
*172	Georg v. Mücke	8.8. 1884	Bezirksarzt in Zittau
*173	Walter Biermann	1.9. 1884	Schneidermeister in Zittau
*174	Benno Eger	1.12. 1884	Bahnhofsinspektor in Zittau
*175	Martin Weickzel	21.12. 1885	Pfarrer in Podelwitz
176	Johannes Rübel	9.7. 1884	Fabrikant in Zittau
*177	Felix Brauer	5.12. 1884	Blumenfabrikant in Neustadt
*178	Johannes Pachaly	14.9. 1883	Pfarrer in Großhennersdorf

Nr.	Name	Geburtstag	Stand des Vaters
*179	Georg Aufschläger	16.7. 1885	Bauinspektor in Zittau
*180	Max Löwe	21.6. 1884	Lehrer in Zittau
*181	Richard Schönfelder	18.8. 1884	Obertelegraphenassistent in Zittau
*182	Paul Ehrentraut	9.12. 1884	Oberpostassistent in Zittau
*183	Gotthard Bitterlich	14.8. 1884	Restaurateur in Zittau
*184	Werner Leupold	3.7. 1884	Kaufmann in Zittau
*185	Erwin Petermann	19.3. 1883	Inspektor a. D. in Zittau
*186	Karl Schöne	21.4. 1884	Kaufmann in Zittau
*187	Hans Sauer	9.2. 1885	Musikdirektor in Zittau
*188	Iwan Lange	26.9. 1883	Postverwalter in Olbersdorf
*189	Georg Richter	20.9. 1884	Arrestbausinspektor in Zittau
*190	Martin Strube	16.10. 1884	Photograph in Zittau
*191	Curt v. Löben	17.1. 1885	Zollinspektor a. D. in Zittau
*192	Werner v. Beschwitz	11.6. 1884	Amtshauptmann in Zittau
*193	Hans Christoph v. Beschwitz	5.9. 1885	Amtshauptmann in Zittau

Von diesen Schülern sind diejenigen, deren Namen ein * vorgesetzt ist, zu Anfang oder im Laufe des Schuljahrs eingetreten.

Von den im vorigen Jahresbericht aufgezählten 187 Schülern sind ausser 17 mit Reifezeugnis entlassenen Oberprimanern (s. den vorjährigen Bericht) vor Anfang des Schuljahrs abgegangen

    aus Unterprima Otto v. Trautvetter,
    aus Obersekunda Hermann Leupolt und Franz Süss,
    aus Untersekunda (mit Freiwilligenzeugnis) Otto Schmuhl und Gerhard Reichel,
    aus Untertertia Kurt May und Fritz Palme,
    aus Quarta Max Wittich (nach IIIb versetzt),
    aus Quinta Willy Lindenbein (nach IV versetzt), Albert Nöh und Walther Dude,
    aus Sexta Karl Reiche und Rudolf Grunert.

Im Laufe des Schuljahres sind weiter bis zum 1. März abgegangen
    aus Obertertia Georg v. Werlhof,
    aus Quarta Paul Wartenberger.

Summe der abgegangenen Schüler 32
Summe der aufgenommenen Schüler 38
Daher Unterschied der Schülerzahl gegen die vorjährige, 193 gegen 187   + 6

II. Lehrbericht.

Übersicht des Unterrichts von Ostern 1895 bis Ostern 1896.
A. Wissenschaftliche Fächer.
Oberprima.
Ordinarius: Der Rektor.

Religion. 2 St. Überblick über den Entwicklungsgang der Kirche in der zweiten Hälfte des 18. und im 19. Jahrhundert. Die christlichen Liebeswerke. Erklärung des Briefs an die Römer und ausgewählter Abschnitte aus dem Evangelium Johannis. Im Anschluss hieran Behandlung der wichtigsten Kapitel der Glaubens- und Sittenlehre. Gärtner.

Deutsch. 3 St. Goethe: Jugendgeschichte nach Dichtung und Wahrheit, Auswahl aus der Lyrik, Götz, Werthers Leiden, Egmont, Iphigenie, Tasso, Faust. Im Anschluss daran wurden Goethes Zeitgenossen, insbesondere Herder behandelt. Der Stoff zu den freien Vorträgen war aus den Dichtungen von Shakespeare, Goethe und Schiller genommen. Aufgabe und Besprechung der Aufsätze. Rektor.

Lateinisch. 8 St. Tacitus, ab excessu divi Augusti I, II. Dialogus de oratoribus, 1. Hälfte. Horaz Satiren 1, 1, 3, 4, 5, 7, 9. II, 6. Epist. 1, 2, 4, 5, 6, 7, 8, 9, 11, 20. Die 1. Satire wurde gelernt, aus den übrigen einzelne Stellen. Aus den Oden: I, 2, 13, 14, 15, 16, 28. II, 2, 12. III, 10. — Einzelnes aus der Stilistik. Schriftliche Übungen, teils Haus-, teils Klassenarbeiten. 6 St. Feller. — Chrestomathie aus der silbernen Latinität von Opitz und Weinhold (Suetonius Leben Cäsars, ausserdem S. 115—124, 127, 128, 191—196, 201—204). 2 St. Wilisch.

Griechisch. 7 St. Demosthenes 1. philippische, 3. olynthische und 3. philippische Rede. Plato Symposion. Schriftliche Übersetzungen ins Deutsche, teils Klassenarbeiten, teils Hausarbeiten, als letztere auch Scripta (2). Wiederholungen aus der Grammatik. 5 St. Rektor. — Aeschylus Prometheus. Sophokles Antigone. Etwa 7 Stunden wurden auf Kunstgeschichte verwendet. 2 St. Wilisch.

Privatlektüre. 1 St. Tacitus, ab excessu d. A. XIV, 1—16, 20, 21, 51—65. XV, 88—74. Demosthenes 1. olynthische Rede. Thukydides VII. Rektor.

Französisch. 2 St. Racine Phèdre; eine Anzahl von Lesestücken aus Herrigs France littéraire. Wiederholungen aus der Formenlehre, sowie aus der Syntax (Partikeln, Tempora, Modi, Partizip, Infinitiv, Fürwörter, Wortstellung); Synonyma; Haus- und Klassenarbeiten. Schulze.

Englisch. 2 St. (wahlfrei). Collection of tales and sketches, 2. Bändchen (Velhagen & Klasing). Shakespeare The merchant of Venice. Hauptregeln der Syntax und Wiederholungen aus der Formenlehre. Klassenarbeiten. Schulze.

Hebräisch. 2 St. (wahlfrei). Das Wichtigste aus der Syntax. Wiederholung der Formenlehre. Lektüre einzelner Abschnitte des alten Testaments (aus Gen., 1. Sam., 1. reg., Psalmen). Gärtner.

Mathematik. 4 St. Ergänzung der Lehre von den Gleichungen. Graphische Darstellung von Funktionen. Erweiterung des stereometrischen Pensums der Unterprima unter besonderer Rücksichtnahme auf die mathematische Geographie. Synthetische Behandlung der Kegelschnitte. Lösung geometrischer Konstruktionsaufgaben, insonderheit durch algebraische Analysis. Wiederholung der gesamten Schulmathematik. Lamprecht.

Physik. 2 St. Wellenlehre, Akustik und Optik. Das Wichtigste aus der mathematischen Geographie und Astronomie. Wiederholungen aus den früher behandelten Teilen der Physik. Friedrich.

Geschichte. 3 St. Vom spanischen Erbfolgekrieg bis zur Februarrevolution. 2 St. Wolff. — Wiederholung der griechischen Geschichte mit besonderer Rücksicht auf Verfassungswesen und Litteratur. 1 St. Rektor.

Unterprima.
Ordinarius: Professor Dr. Feller.

Religion. 2 St. Erklärung der Confessio Augustana, Besprechung der verschiedenen Religionen und Bekenntnisse, Behandlung der Unterscheidungslehren. Ergänzung der Reformationsgeschichte. Erklärung des Jakobusbriefs und ausgewählter Abschnitte aus den Briefen an die Korinther. Gärtner.

Deutsch. 3 St. Das Wichtigste aus der Litteraturgeschichte von Luther bis auf Lessing. Eingehendere Behandlung Klopstocks und Lessings. Gelesen und besprochen wurden Klopstocks Oden (in Auswahl), Lessings wichtigste Werke; gelegentlich wurden die wichtigsten Dramen Schillers besprochen. Freie Vorträge. Aufsätze. Gärtner.

Lateinisch. 8 St. Cicero pro Milone (§ 72—91 weggelassen). Ausgewählte Briefe Ciceros nach Luthmer. 2 St. Horaz Oden (c. 50 Lieder, davon 12 gelernt). 2 St. Einzelnes aus der Stilistik nach Drenckhahn. Wiederholungen aus der Grammatik. 1 St. Emendation der Haus- und Klassenarbeiten. 1 St. Wilisch. — Tacitus Germania. Cicero in Verrem IV. 2 St. Feller.
Griechisch. 7 St. Plato Apologie. Euripides Iphigenie bei den Tauriern, mit Realitationen. Thukydides VI, Auswahl. Sophokles Aias, 1. Hälfte. Homer Ilias, unter Mitbenutzung der für die Privatlektüre bestimmten Stande: I—IV, Auswahl aus V, VI und VII; IX, Auswahl aus: X. XVI. XVIII (2. Hälfte). XX. XXII, mit ergänzenden Inhaltsangaben. Schriftliche Haus- und Klassenarbeiten. Feller.
Privatlektüre. 1 St. Homer Ilias, zur Ergänzung der Lektüre; s. oben unter „Griechisch". Feller.
Französisch. 2 St. Molière L'école des maris; einige Stücke aus Herrigs France littéraire. Wiederholungen aus Formenlehre und Syntax (Kasuslehre, Wortstellung, Fürwörter, Tempora, Modi, Infinitiv, Partizip, Partikeln). Haus- und Klassenarbeiten; im Anschluss daran Synonymisches und Stilistisches. Schulze.
Englisch. 2 St. (wahlfrei) mit Oberprima.
Hebräisch. 2 St. (wahlfrei). Strack § 88 bis § 70 mündlich und schriftlich geübt; das frühere Pensum mehrfach wiederholt. Schulze.
Mathematik. 4 St. Stereometrie und weitere Ausführung der Trigonometrie. 3 St. Arithmetische und geometrische Progressionen, Zinseszins- und Rentenberechnung. Quadratische Gleichungen mit einer und mit mehreren Unbekannten. 1 St. Haus- und Klassenarbeiten. Friedrich.
Physik. 2 St. Mechanik starrer, flüssiger und gasförmiger Körper. Das Wichtigste aus der Wellenlehre. Lamprecht.
Geschichte. 3 St. Von der Entdeckung Amerikas bis zum Ausgang des 17. Jahrhunderts. Geographische Wiederholungen. Wolff.

Obersekunda.

Ordinarius: Professor Dr. Wilisch.

Religion. 2 St. Bilder aus der alten und mittelalterlichen Kirche. Eingehende Behandlung der Reformation. Lektüre kleinerer Paulinischer Briefe und des ersten Petribriefes. Gärtner.
Deutsch. 3 St. Litteraturgeschichte der ahd. und mhd. Periode. Lektüre des Nibelungenliedes und der Lieder und Sprüche Walthers von der Vogelweide. Besprechung von Schillers Jungfrau von Orleans und Kleists Prinz von Homburg. Übungen im freien Vortrag und Deklamieren. Aufsätze. Eckstein.
Lateinisch. 7 St. Cicero 2. Philippische Rede. Livius XXI. XXII, Auswahl von Jordan. 3 St. Stilistisches über Substantivum, Adjektivum, Pronomen, Verbum nach Drenckhahn. Wiederholungen aus der Formenlehre und Syntax. 1 St. Haus- und Klassenarbeiten. 1 St. Gelbke. — Virgil Aneis II. IV. V, 766—464. Resitationen. 2 St. Neumann.
Griechisch. 7 St. Lysias Reden gegen Eratosthenes und Philon. Herodot, Auswahl aus dem ersten Buche. Im Sommer 3, im Winter 2 St. Dazu mündliche und schriftliche Übungen im Extemporieren aus Herodot. 1 St. Im Winter. Homer Odyssee IX—XII, XX—XXII. Resitationen. 2 St. Wiederholung der Formenlehre. Infinitiv und Partizipium. Wiederholung der Tempora und Modi in Nebensätzen. 1 St. Haus- und Klassenarbeiten. 1 St. Wilisch.
Privatlektüre. 1 St. Homer Odyssee VII. VIII. XIII. XIV. XVI—XIX. Neumann.
Französisch. 2 St. Lanfrey Expédition d'Égypte et campagne de Syrie. Syntax: Wortstellung, Fürwörter, Partikeln, bes. Negationen, Konjunktionen; Wiederholung früherer Pensa. Haus- und Klassenarbeiten; im Anschluss daran einiges aus Stilistik und Synonymik. Schulze.
Englisch. 2 St. (wahlfrei). Aussprache und Formenlehre, sowie einiges aus der Syntax nach Kades Anleitung § 1 bis § 150. Eine Anzahl von Lesestücken aus Gräsers Chrestomathie gelesen und übersetzt. Klassenarbeiten. Schulze.
Hebräisch. 2 St. (wahlfrei). Nominallehre (nach Strack). Das starke Verbum gelernt. Mündliche und schriftliche Übungen. Gärtner.
Mathematik. 4 St. Abschluss der Kreislehre. Aufgaben aus der algebraischen Geometrie. Goniometrie und Trigonometrie. 2 St. Potenzen und Wurzeln mit allgemeinen Exponenten. Logarithmen. Einfache Gleichungen mit einer und mit mehreren Unbekannten. Quadratische Gleichungen. 2 St. Haus- und Klassenarbeiten. Friedrich.
Physik. 2 St. Wärmelehre. Galvanismus. Friedrich.
Geschichte und Geographie. 3 St. Geschichte des Mittelalters bis zum Ausgang des Staufer. 1 St. Wolff. — Wiederholung der mathematischen Geographie und der physikalischen und politischen Geographie von Deutschland. 1 St. Müller.

Untersekunda.
Ordinarius: Oberlehrer Dr. Gelbke.

Religion. 2 St. Erklärung des Evangeliums Matthäi unter Bezugnahme auf die übrigen Evangelien. Erklärung der Apostelgeschichte. Gärtner.

Deutsch. 2 St. Schillers kulturgeschichtliche Gedichte. Goethes Hermann und Dorothea, Schillers Jungfrau von Orleans. Deklamationen. Vorträge. Aufsätze. Gelbke.

Lateinisch. 8 St. Cicero de imperio Cn. Pompei und pro Archia poeta. Sallust bellum Jugurthinum. 4 St. Wiederholung der gesamten Syntax, unter besonderem Eingehen auf die schwierigeren Abschnitte. 2 St. Eckstein. — Ovid, Tibull, Properz Elegien, Auswahl von Peters. Rezitationen und metrische Übungen. 2 St. Gelbke.

Griechisch. 7 St. Xenophon Anabasis III. IV. Homer Odyssee I. II. III. Rezitationen. 4 St. Kasus-, Tempus- und Moduslehre. Das Wichtigste aus der Lehre vom Artikel, den Pronominibus und den Präpositionen. Wiederholungen aus der Formenlehre. 2 St. Haus- und Klassenarbeiten. 1 St. Gelbke.

Privatlektüre. 1 St. Caesar de bello gallico IV. V. Xenophon Hellenika VI. Gelbke.

Französisch. 2 St. Choix de nouvelles modernes, 3. Bändchen (Velhagen & Klasing). Syntax: Artikel, Adjektiv, Adverb, Fürwörter, Infinitiv, Partizip. Wiederholungen aus den früheren Pensen. Haus- und Klassenarbeiten. Schulze.

Mathematik. 4 St. Lineare Gleichungssysteme. Potenzen und Wurzeln mit ganzen positiven Exponenten. Einfachste Form der quadratischen Gleichungen mit einer Unbekannten. Verhältnisse und Ausmessung von Flächen. Proportionen beim Durchschnitt eines Winkels mit Parallelen. Ähnlichkeit der Dreiecke. Haus- und Klassenarbeiten. Lamprecht.

Physik. 2 St. Allgemeine Eigenschaften der Körper. Die besonderen Eigenschaften der tropfbar flüssigen und luftförmigen Körper. Das Wichtigste von dem chemischen Verhalten der Körper. Reibungselektrizität. Magnetismus. Friedrich.

Geschichte. 2 St. Römische Geschichte bis 31 vor Christus. Otto.

Obertertia.
Ordinarius: Oberlehrer Dr. Eckstein.

Religion. 2 St. Beschreibung des heiligen Landes. Geschichte des Heils im alten Bunde (Besprechung der kanonischen Bücher des alten Testaments, Lektüre und Erklärung ausgewählter Abschnitte). Gärtner.

Deutsch. 2 St. Lektüre aus Viehoffs Lesebuch II. Romanzen, Balladen und Dichtungen aus dem Freiheitskriege. Biographisches im Anschluss an die Lektüre. Das Notwendigste über Metrik und Poetik. Übungen im freien Vortrage im Anschluss an Durchgesprochenes oder Gelesenes. Gelegentlich Wiederholungen aus dem Gebiete der Grammatik. Deklamationen. Aufsätze. Neumann.

Lateinisch. 8 St. Caesar de bello gallico IV. VII, Kap. 1—31. 63—90; Cicero in Catil. I. II, Kap. 8—10. III. 4 St. Tempus- und Moduslehre. Wiederholungen aus der Formenlehre. Haus- und Klassenarbeiten. 2 St. Koch. — Abschnitte aus Frankes Chrestomathie aus römischen Dichtern, wovon einiges gelernt wurde. Prosodische Übungen. 2 St. Lamprecht.

Griechisch. 7 St. Wiederholung der regelmässigen Formenlehre. Verba liquida, auf μ und anomala. Einige Hauptregeln der Syntax. Übersetzen aus Oerths Übungsbuch 2, dann Einführung in Xenophons Anabasis (I, 8—10; II, 1—4). Haus- und Klassenarbeiten. Eckstein.

Privatlektüre. Auswahl aus Cornelius Nepos. Eckstein.

Französisch. 2 St. Recueil de contes et récits. 1. Teil (Velhagen & Klasing). Wiederholung der vorhergehenden Pensa. Syntax: Wortstellung, Tempora, Modi, Gebrauch von avoir und être. Haus- und Klassenarbeiten. Schulze.

Mathematik. 4 St. Wiederholung und Ergänzung des arithmetischen Lehrstoffs der Untertertia. Gleichungen ersten Grades mit einer Unbekannten. Kreissätze. Flächenvergleichung. Die analytische Methode in Planimetrie und Algebra. Haus- und Klassenarbeiten. Lamprecht.

Naturkunde. 2 St. im Winterhalbjahr. Das Wichtigste von den einfachsten Mineralien, Gebirgsarten und Versteinerungen. Friedrich.

Geographie. 2 St. im Sommerhalbjahr. Die wichtigsten Thatsachen der physischen Geographie. Müller.

Geschichte. 2 St. Griechische Geschichte bis zum Tode Alexanders des Grossen mit einer kurzen Übersicht über die nächste Zeit bis 301; orientalische Geschichte, soweit sie zur griechischen Geschichte in Beziehung tritt. Eckstein.

Untertertia.
Ordinarius: Oberlehrer Neumann.

Religion. 2 St. Erklärung ausgewählter Psalmen und Weissagungssprüche, der Bergpredigt, der Gleichnisse. Wiederholung und Abschluss des Katechismusunterrichts (4. u. 5. Hauptst.). Das Wichtigste über das Kirchenjahr, die Gottesdienstordnung, das Landesgesangbuch, sowie über die Reformationszeit. Gärtner.

Deutsch. 2 St. Besprechung ausgewählter prosaischer und poetischer Musterstücke aus Hopfs und Paulsieks Lesebuch. Satz- und Wortlehre. Das Wichtigste aus der Metrik. Deklamationen und freie Vorträge. Aufsätze. Müller.

Lateinisch. 8 St. Caesar de bello gallico I, II, VI, 11—28. 4 St. Kasuslehre, Orts-, Raum- und Zeitbestimmungen. Das Wichtigste über consec. temp., ut, ne, quin, quominus, oratio obl., Fragesätze. Haus- und Klassenarbeiten. Wiederholung der Formenlehre. 4 St. Neumann.

Griechisch. 7 St. Regelmässige Formenlehre bis zu den verbis liquidis ausschliesslich. Übersetzungen aus dem Übungsbuche von Gerth, 1. Teil. Haus- und Klassenarbeiten. Neumann.

Französisch. 3 St. Wiederholung des vorausgehenden Pensums. Unregelmässige Verba. Übungen im Lesen, Übersetzen und Sprechen. Haus- und Klassenarbeiten. Schulze.

Mathematik. 3 St. Die vier Grundrechnungsarten der allgemeinen Arithmetik. Einfachste Gleichungen. Planimetrie bis zu den Kongruenzsätzen. Leichte Konstruktionsübungen. Haus- und Klassenarbeiten. Klötzer.

Naturkunde. 2 St. Im Sommerhalbjahr. Das Wichtigste aus der Anthropologie und Gesundheitslehre. Müller.

Geographie. 2 St. im Winterhalbjahr. Deutschland in physikalischer und politischer Beziehung. Müller.

Geschichte. 2 St. Deutsche Geschichte vom Regina des 17. Jahrhunderts bis 1871. Wiederholung der griechischen und römischen Geschichte, sowie des Mittelalters. Wolff.

Quarta.
Ordinarius: Oberlehrer Wolff.

Religion. 3 St. Abschluss der biblischen Geschichte. Erklärung und Einprägung des dritten Hauptstücks. Auswendiglernen ausgewählter Sprüche und Kirchenlieder. Klötzer.

Deutsch. 3 St. Wiederholung und Beendigung der Satzlehre. Lektüre nach Hopfs und Paulsieks Lesebuch für Quarta. Deklamationen. Aufsätze. Wolff.

Lateinisch. 8 St. Kasuslehre. Übersetzungen aus dem Deutschen ins Lateinische nach dem Übungsbuch von Busch. 3 St. Emendation der Skripta und Extemporalien. 1 St. Cornelius Nepos (Miltiades, Themistokles, Aristides, Pausanias, Cimon, Alcibiades, Epaminondas, Hamilkar, Hannibal). 4 St. Wolff.

Französisch. 5 St. Plötz, Method. Lese- und Übungsbuch, L. 1—37 und Anhang I—IX. Vokabeln, Lernen zusammenhängender Stücke. Haus- und Klassenarbeiten. Koch.

Rechnen und Geometrie. 3 St. Wiederholung der Rechnungsarten mit gewöhnlichen und Dezimalbrüchen; Verwandlung gewöhnlicher Brüche in Dezimalbrüche und umgekehrt. Klammeraufgaben. Einfache und zusammengesetzte Regeldetri. Zinsrechnung. Kopfrechnen. Geometrische Formenlehre. Haus- und Klassenarbeiten. Klötzer.

Naturkunde. 2 St. Im Sommer Anatomie und Physiologie der Pflanzen. Überblick über das natürliche System der Phanerogamen und Kryptogamen. Im Winter die wichtigsten Typen der wirbellosen Tiere mit Hervorhebung der Gliedertiere. Müller.

Geographie. 2 St. Die aussereuropäischen Erdteile. Gelegentlich die wichtigsten Thatsachen der astronomischen und physikalischen Geographie. Müller.

Geschichte. 2 St. Fortsetzung der deutschen Geschichte in Einzelbildern bis zum dreissigjährigen Krieg unter Berücksichtigung Sachsens. Besprechung wichtiger Thatsachen aus der Geschichte anderer europäischer Staaten. Wiederholung der griechischen und römischen Geschichte, sowie des Mittelalters. Gudrun- und Wielandsage. Klötzer.

Quinta.
Ordinarius: Oberlehrer Koch.

Religion. 3 St. Biblische Geschichten aus dem alten und neuen Testament. Erklärung und Einprägung des zweiten Hauptstückes. Auswendiglernen ausgewählter Sprüche und Kirchenlieder. Klötzer.

Deutsch. 3 St. Einübung der Rechtschreibung und des Gebrauchs der Satzzeichen durch Diktate. Wiederholung und Ergänzung der Lehre vom einfachen Satze. Der zusammengesetzte Satz. Einteilung der Nebensätze. Einzelnes aus der Formenlehre. Besprechung von Gedichten und Prosastücken aus Hopfs und Paulsieks Lesebuch für Quinta. Deklamationen. Aufsätze. Otto.

Lateinisch. 9 St. Wiederholung der regelmässigen, Einübung der unregelmässigen Formenlehre. Acc. c. inf., Partizipialkonstruktionen, doppelter Akk. und Nom. Übersetzungen aus dem Übungsbuche von Busch. Haus- und Klassenarbeiten. Koch.

Rechnen. 4 St. Die vier Rechnungsarten mit gewöhnlichen und Dezimalbrüchen. Resolvieren und Reduzieren. Regeldetri. Kopfrechnen. Haus- und Klassenarbeiten. Klötzer.

Naturkunde. 2 St. Im Sommer die wichtigsten Familien der Phanerogamen mit besonderer Berücksichtigung einheimischer und ausländischer Kulturpflanzen. Im Winter Reptilien, Amphibien und Fische. Wiederholung des in Sexta behandelten Stoffes. Müller.

Geographie. 2 St. Die ausserdeutschen Länder Europas mit besonderer Berücksichtigung der Deutschland benachbarten Länder. Müller.

Geschichte. 2 St. Bilder aus der späteren römischen und älteren deutschen Geschichte bis 814. Wiederholung der griechischen und römischen Geschichte. Nibelungensage. Klötzer.

Sexta.
Ordinarius: Dr. Otto.

Religion. 3 St. Biblische Geschichte des alten Testaments bis zur Königszeit. Erklärung und Einprägung des ersten Hauptstücks. Auswendiglernen ausgewählter Sprüche und Kirchenlieder. Klötzer.

Deutsch. 4 St. Einübung der Rechtschreibung und der Hauptregeln der Zeichensetzung durch Diktate. Der einfache Satz und das Wichtigste vom Nebensatze. Wortarten. Wichtige Abschnitte der Formenlehre. Besprechung von Gedichten und Prosastücken aus Hopfs und Paulsieks Lesebuch für Sexta. Deklamationen. Aufsätze. Otto.

Lateinisch. 9 St. Regelmässige Formenlehre mit Einschluss der Deponentia. Übersetzungen aus dem Übungsbuche von Busch. Haus- und Klassenarbeiten. Otto.

Rechnen. 3 St. Die vier Grundrechnungsarten mit unbenannten und benannten Zahlen. Das Dezimalsystem in Münzen, Massen und Gewichten. Einfachste Berechnungen nach dem Einheits- und Mehrheitsschluss. Kopfrechnen mit kleinen Zahlen. Haus- und Klassenarbeiten. Lamprecht.

Naturkunde. 2 St. Im Sommer die wichtigsten einheimischen Blütenpflanzen mit Entwickelung der morphologischen Grundbegriffe. Im Winter Säugetiere und Vögel mit eingehender Besprechung der Haustiere. Müller.

Geographie. 1 St. Das Königreich Sachsen mit Berücksichtigung der Nachbarländer. Entwickelung der geographischen Grundbegriffe. Kurze Übersicht über Deutschland. Müller.

Geschichte. 2 St. Griechische Sagen. Bilder aus der griechischen und der älteren römischen Geschichte. Otto.

B. Künste und Fertigkeiten.

Zeichnen. 6 St. Quinta 2 St. Die gerade Linie. Regelmässige ebene Figuren: Quadrat, gleichseitiges Dreieck, regelmässiges Sechs-, Acht-, Fünfeck, Kreis. Verwertung derselben zu einfachen Mustern nach Angabe des Lehrers oder eigener Erfindung der Schüler. Einführung in die Behandlung der Farbe. Versuche mit selbständigen Farbenzusammenstellungen seitens der Schüler. — Quarta 2 St. Schwierigere Rosettenbildungen aus dem Fünfeck. Die Ellipse und das Oval. Das Pflanzenblatt. Entwickelung der Form desselben aus seiner Rippenbildung. Die Spirale und ihre Verwendung im Ornament. Zusammenstellung von Ornamenten mit Hilfe gegebener Ornamentmotive. Fortsetzung der Kolorierübungen. — Freiwilliges Zeichnen für Schüler von Untertertia aufwärts. 2 St. Lehre von Licht und Schatten. Zeichnen nach Naturgegenständen und Vorlagen. Thieme.

Schreiben. 3 St. Sexta 2 St. Einübung der deutschen und lateinischen Schriftzeichen, kürzere und längere Sätze. — Quinta 1 St. Längere Sätze in deutscher und lateinischer Schrift. Richter.

Stenographie. 3 St. (wahlfrei). Obertertia 2 St. Wortbildung, Schreib- und Leseübungen. — Untersekunda 1 St. Wort- und Satzkürzung, Schreib- und Leseübungen. Richter.

Singen. Sexta 2, Quinta 2, Quarta, Untertertia, Obertertia je 1 St., Sekunda und Prima vereinigt in 1 St. Ausserdem Gymnasialchor 4 St. Die Elemente der Musiklehre und Tonbildung. Übungstoff: Choräle und Volkslieder im Anschluss an die religiösen Festzeiten und patriotischen Schulfeierlichkeiten. Ausserdem besonders Lieder der Freiheitsdichter. Sekunda und Prima erhielten monatlich 1 Stunde Unterricht in Musikgeschichte, worin die Musik der Juden und alten Griechen, die Entwickelung der Vokalmusik in der abendländischen Kirche bis zu Palestrina behandelt wurde. Der Gymnasialchor übte die für die sonntäglichen Gottesdienste und Schulakte nötigen Motetten und Musikstücke. Stöbe.

Turnen. 19 St. und zwar in 9 Klassen je 2 St., dazu 1 St. Kürturnen für alle Schüler. Die nachstehende Tabelle veranschaulicht die Erfolge des Turnunterrichts und enthält die Namen der Schüler, welche die besten Leistungen erzielten. Anmerkung: a = höchste, b = niedrigste, c = mittlere Leistung. Die bei den Klassen IIIb—VI unter Klettern mit * versehene Zahl bezieht sich auf das Klettern am Tau. Richter.

Klasse	Schülerzahl	Weitspringen			Hochspringen			Laufen 2×50 m			Klettern am Tau Ia—IIIa, Klettern an 1 Stange IIIb—VI			Hangwippen am Reck ristgriffs			Kippe	Felgaufschwung	Stützwippen Ia—IIb, Liegestützwippen IIIa—VI am Barren			Kugelstabheben Ia—IIa 20,5 ko IIIb—IIIa 10 IIIb—VI 10		
		a cm	b cm	c cm	a cm	b cm	c cm	a Sek	b Sek	c Sek	a Sek	b Sek	c Sek	a mal	b mal	c mal			a mal	b mal	c mal	a mal	b mal	c mal
Ia	21	185	130	154	170	115	135	11,5	19,5	17,2	81	8	30	16	12	1	8	71	97	15	1	7	60	18	30
Ib	17	185	120	152	160	115	140	14	20,5	17	96	10	20	15	20	1	9	76	91	17	3	8	50	5	30
IIa	20	195	125	186	170	115	130	14,5	21	17	100	12	13	20	13	3	7	84	100	18	2	7	40	10	21
IIb	13	195	130	112	110	110	125	15,5	20	17	100	11	36	20	12	3	8	84	100	16	3	8	42	8	21
IIIa	26	200	250	240	135	85	110	14,5	23	18,5	65	10	30	18,5	13	1	6		75	30	1	13	70	2	16
IIIb	26	185	90	122	135	90	120	13	21	20	*76/81	6	17	11	11	1	4		62	29	1	10	350	5	70
IV	21	175	210	201	125	90	105	16,5	22	19,2	*73/91	6	11	9	11	1	5	—	80	22	1	11	100	1	20
V	18	110	30	288	120	85	103	18	24	19,5	*78/91	5,5	13	9	10	1	4		71	20	1	9	155	8	26
VI	23	170	140	251	110	60	80	17	25	21	*76/96	7	21	11,2	9	1	3		83	20	3	8	12	1	19

	Kl.							
Die besten Leistungen erzielten	Ia	Heuer	Bischoff Bannsfelder	Jacubowsky	Heuer	Heuer Schulze	Theile	Schönfelder
	Ib	Lange	Lange	Lange	Gloye, Heisterbergk	Heisterbergk	Lange	Claus, Richter
	IIa	Möller	Möller	Möller	Schulze	Richter	Richter	Feurig II
	IIb	Muller	Goldstein	Muller	Fröhlich	Oeser Waentig	Oeser	Muller
	IIIa	Christoph	Klimt Christoph	Christoph	Christoph	Klimt	Ehrentraut	Klimt
	IIIb	v. Römer	Grunewald	v. Römer	Grunewald Bursch -	Heidrich	Heidrich	Claus
	IV	Richter	Richter	Richter	Zeuner	Schaarschmidt Grunewald	Mietzsch Grunewald	Richter
	V	Posern Reiche	Kretschmar	Steffen Büttner	Ebner	Steffen Ebner	Berger	Berger
	VI	Lange	Lange	Leupolt	Leupolt	Leupolt	Leupolt	Lange

Die Bewegungsspiele wurden hauptsächlich unter der Leitung des Prof. Dr. Wilisch und des Turnlehrers in der Weisse abgehalten. Richter.

C. Deutsche Aufsätze.

In Oberprima. 1. Die Heldenehre des sophokleischen Aias 2. Goethes Vater nach Dichtung und Wahrheit. 3. Festzeiten Gegenzeiten. 4 Die physikalischen Eigenschaften der Atmosphäre. (Facharbeit) 5. Hat Demosthenes umsonst gesprochen? (Prüfungsarbeit.) 6. Deutschlands gesellschaftliche Zustände in Goethes Jugendzeit dargestellt nach Dichtung und Wahrheit und Werthers Leiden. 7. Sitte und Gesetz. 8. Der fürstliche Absolutismus und seine hauptsächlichsten Vertreter. (Facharbeit) 9. Die Heilung des Orest in Goethes Iphigenie. 10. Sokrates in Platons Gastmahl. (Reifeprüfung.)
In Unterprima. 1. Wodurch ist Schillers Wilhelm Tell zu einem Lieblingsstück des deutschen Volks geworden? 2. Wer gar an viel bedenkt, wird wenig leisten. 3. Welche Grundsätze befolgte Luther bei seiner Bibelübersetzung? Nach dem „Sendbrief vom Dolmetschen". (Facharbeit.) 4. Die Enthüllung im „König Oedipus" des Sophokles. (Prüfungsarbeit.) 5. Der Begriff des Tragischen entwickelt an einigen der bedeutendsten alten und neuen Tragödien. 6. Welches sind die politischen Voraussetzungen für Cic. ad Attic. 2, 19? (Facharbeit.) 7. Wie unterscheiden sich Poesie und bildende Künste? Nach Lessings Laokoon 8. Versuche mit der Schwungmaschine. (Facharbeit.) 9. Es liebt die Welt das Strahlende zu schwärzen und das Erhabne in den Staub zu ziehn. 10. Klopstocks Freunde nach seinen Oden. (Prüfungsarbeit.)
In Obersekunda. 1. Der Meisterschuss des Odysseus und der Kampf mit den Freiern. 2. Wie werden in Schillers Jungfrau von Orleans Frankreich und seine Bewohner geschildert? 3. Wie Sivrid erzogen wart. (Klassenarbeit.) 4. Erklärung des Schillerschen Gedichtes: „Die Schlacht." 5. Worin liegt die Schuld der Jungfrau von Orleans? 6. Der Übergang der Burgunden über die Donau. 7. Erklärung des Waltherschen Liedes: „Deutschlands Lob." 8. Vergleich des Waltherschen Liedes: „Einst und jetzt" mit Chamissos: „Schloss Boncourt" und Rückerts: „Aus der Jugendzeit." 9. Rüdigers Seelenkampf. (Prüfungsarbeit.)
In Untersekunda. 1. Morgenstunde hat Gold im Munde. 2. Was tadeln wir an Caesars Verhalten gegen die Tenkterer? 3. Xenophons Traum. (Klassenarbeit.) 4. Worin zeigt sich die sittliche Grösse der Ceres in Schillers Eleusischem Fest? 5. Was macht dem Ovid den Aufenthalt in Tomi so verhasst? 6. Wodurch fesselt uns die Schilderung der Feuersbrunst in Schillers Lied von der Glocke? 7. Welche Eigenschaften Thibauts lernen wir in Schillers Prolog der Jungfrau von Orleans kennen? 8. Telemachs Begegnung mit Athene. 9. Wodurch verrät schon der erste Gesang von Goethes Hermann und Dorothea das echt deutsche Gepräge dieses Epos? (Prüfungsarbeit.)
In Obertertia. 1. Wie Gunther Brunhilden gewann. 2. Weshalb können wir den König Ameis nach der Auffassung der Alten einen frommen Mann nennen? 3. Caesars erster Zug über den Rhein. 4. Charakteristik des Jünglings in Schillers Kampf mit dem Drachen 5. Schilderung der Charybdis in Schillers Taucher. (Prüfungsarbeit.) 6 Die Vorboten des Winters. 7. Die Einnahme von Avarikum. 8. Die Freundestreue des Damon und des Phintias gegenüber den Versuchungen des Dionys. 9. „Der Taucher" und „Der Handschuh" (Vergleich). 10. Darstellung der preiswerten That des braven Mannes. (Prüfungsarbeit.)
In Untertertia. 1. Was der Edelknabe im Strudel der Charybdis erlebte. 2. Die Muskeln und ihre Arbeit. 3. Der König in „des Sängers Fluch" und Napoleon I. 4. Ein Sonntag auf dem Lande. 5. Jahrmarktsleben. (Prüfungsarbeit.) 6. Die Freuden und Gaben der vier Jahreszeiten. 7. Der Magen und seine Arbeit 8 Eine Geschichte aus dem Leben Rudolfs von Habsburg. 9. Eine Schlittenfahrt nach Oybin. 10. Die Sehnsucht nach dem Frühling und ihre Gründe. (Prüfungsarbeit.)
In Quarta. 1. Der Lebensabend des Altern Scipio. 2. Ein Morgenspaziergang im Frühjahr. 3. Der letzte König der Vandalen. 4. Unsere Schulfahrt. 5. Ein Tag aus meinen Ferien. 6. Alboins Zug nach Italien. (Prüfungsarbeit.) 7. Was der Pandurenziche erzählt. 8. Wallenstein vor Stralsund. 9. Ein Gang durch die Stadt am Jahrmarkte. 10. Die Zerstörung Karthagos. 11. Der Rheinstrom ein Bild des menschlichen Lebens. 12. Die Schlacht bei Zama. (Prüfungsarbeit.)

III. Stipendien, Prämien, Erlässe.

Die Kretzschmarschen Geldprämien wurden am Schlusse des vorigen Schuljahres dem Abiturienten Horst Bahr und dem Obersekundaner Emil Simmank zu teil.

Zur selben Zeit erhielten aus der Senator Justschen Stiftung Bücherprämien die Abiturienten Paul Heinzmann, Paul Schwarze, Theodor Hiller, die Unterprimaner Paul Mühsam, Fritz Bechstein, Rudolf Schulze, Johannes Herz, die Obersekundaner Robert Schreiber, Reinhard Herz, der Untersekundaner Manfred Scherffig, der Obertertianer Hans Fröhlich, die Untertertianer Hans Bretschneider, Kurt Schäffer, die Quartaner Paul Schmidt, Walther

Grunewald, die Quintaner Erich Schaarschmidt, Georg Schäfer, die Sextaner Erwin Jacobi, Hans Schmidt.

Am 7. Juli empfingen aus der Neumannschen Stiftung Stipendien im Gesamtbetrag von 331 ℳ 56 ₰ die Primaner Bernhard Jacubowsky und Emil Simmank und die Sekundaner Paul Feurig und Hans Fröhlich.

Die sogenannten Ratsbenefizien im Gesamtbetrag von 544 ℳ 89 ₰ erhielten im Sommer die Oberprimaner Arthur Kind, Paul Seyffert, die Unterprimaner Kurt Jentsch, Paul Röthig, Karl Lange, die Obersekundaner Karl Potthoff, Fritz Schunack, die Untersekundaner Kurt Kretschmar, Theodor Leupold, die Obertertianer Hans Bretschneider, Fritz Zehrfeld, Hans Zwicker, Friedrich Zietzschmann, Fritz Ehrentraut, die Untertertianer Paul Schmidt, Paul Halank, Kurt Garten, die Quartaner Erich Schaarschmidt, Hermann Döring, Georg Schäfer, Martin Knobloch, Friedrich Ruschke, Kurt Helbig, Hermann Matthes, Johannes Grunewald, die Quintaner Johannes Schmidt, Johannes Kretschmar, Otto Reiche und die Sextaner Benno Eger, Paul Ehrentraut, Max Löwe.

Königliche Stipendien erhielten im Betrag von je 50 ℳ die Oberprimaner Curt Resch, Horst Moser, Arthur Seifert, Max Bischoff, die Unterprimaner Robert Schreiber, Reinhard Herz, der Obersekundaner Max Schubert, der Untersekundaner Richard Vogt, die Obertertianer Georg Pilz, Arthur Klimt, Gotthold Richter und die Untertertianer Walter Hoyer und Walter Grunewald.

Beim Wettturnen der vier oberen Klassen zur Nachfeier des Sedanfestes erlangten Preise die Oberprimaner Ernst Schönfelder, Otto Heuer, Rudolf Schulze, die Unterprimaner Karl Lange, Kurt Jentsch, Walter Sprotte, die Obersekundaner Ernst Waentig, Karl Möller, Paul Ficker, die Untersekundaner Hans Fröhlich, Ernst Müller, Kurt Kretschmar.

Am 14. Dezember als am Jahrestage der Einweihung des Johanneums erhielten aus der Stiftung der alten Schüler, für die diesmal auch die Zinsen der Dr. Pfeifferschen Stiftung zur Verfügung standen, Unterstützungen im Gesamtbetrag von 289 ℳ 88 ₰ der Oberprimaner Johannes Herz, der Obersekundaner Karl Potthoff, der Obertertianer Friedrich Zietzschmann, der Quartaner Johannes Grunewald, der Quintaner Johannes Schmidt und der Sextaner Bruno Eger.

Das Jubiläumsstipendium in Betrag von jährlich 140 ℳ für das Schuljahr 1896/7 und das Studienjahr 1897/8 ist dem Unterprimaner Simmank zuerkannt worden.

Erlässe an Schulgeld und Gebühren wurden 64 Schülern gewährt.

IV. Sammlungen.

A. Schulbibliothek.
Bibliothekar: Oberlehrer Dr. Gärtner.

a. Geschenke.

Vom Königl. Statist. Bureau dessen Zeitschrift, Supplementbd. zum XXXIX. Jahrg. und XL. Jahrg. Heft 1 und 2. — Vom Präsidenten der Handels- und Gewerbekammer zu Zittau deren Jahresbericht für 1894. — Von Herrn Oberschulrat Prof. Dr. Müller: Die Ergebnisse der Ausgrabungen zu Pergamon. Vorläuf. Bericht von A. Conze. Berl. 1880. Friedreich: Die Realien in der Iliade und Odyssee. Berl. 1856. Neue: Formenlehre der latein. Sprache. 2. Aufl. 1. Teil und Reg. Roth: Gymnasial-Pädagogik. Stuttg. 1874. Reindell: Doktor Wenzeslaus Linck aus Colditz. Marb. 1892. Fontane: Der Krieg gegen Frankreich 1870—1871. Berl 1873—76. — Von Herrn Prof. Dr. Bauch in Breslau: Bauch: Der Begründer der Goldberger Particularschule Hieronymus Gürtler von Wildenberg. Bresl. 1895. Ders.: Biographische Beiträge zur Schulgeschichte des XVI. Jahrh.

b. Ankäufe.

1. **Zeitschriften**: Mitteilungen des Kaiserl. Deutschen Archaeolog. Instituts, Athenische Abteilung Bd. 19,1 20,2. Jahresbericht über die Fortschritte der klassischen Altertumswissenschaft 23. Jahrg. — Rheinisches Museum Bd. 50. — Litterar. Zentralblatt 1895. — Theolog. Litteraturblatt 1895. Zeitschrift für den evangelischen Religionsunterricht 1895. — Neue Jahrbücher für Philologie und Pädagogik 1895. Zeitschrift für das Gymnasialwesen 1895. — Sybel, Historische Zeitschrift Bd. 74. 75. Beiblätter zu den Annalen der Physik und Chemie 1895. — Journal für reine und angewandte Mathematik: Inhalt und Namen-Verzeichnis der Bände 1—100. — Echo, Zeitschrift für Stenographie 1895. 2 Exempl.

2. **Fortsetzungen**: Allgem. deutsche Biographie Lief. 191—198. — Fries und Meier, Lehrproben und Lehrgänge Heft 42. 43. — Rohde, Psyche 2. Hälfte. Freiburg 1894. Publikationen des Litterarischen Vereins in Stuttgart 200-203. — Antike Denkmäler II, 2. Berl. 1895. — Luthers Werke (Krit. Gesamtausg.) Bd. 14. — Giesebrecht, Geschichte der deutschen Kaiserzeit Bd. 6. Leipz. 1895. — Gerber und Greef, Lexicon Taciteum fasc. XII.

3. **Vollständige Werke**: Anthologia graeca epigrammatum Palatina cum Planudea edid. II. Stadtmueller. I. Leipz. 1894. — Aelius Aristides, ex recensione Guil. Dindorfii. 3 Bde. Leipz. 1829. - Philologische Untersuchungen. I. v. Wilamowitz-Möllendorf, Aus Kydatheu. Berl. 1880. V. Robert, Bild und Lied. Berl. 1881. Wide, Lakonische Kulte. Leipzig 1893. — Immerwahr, Die Kulte und Mythen Arkadiens I. Leipz. 1891. — Studniczka, Beiträge zur Geschichte der altgriechischen Tracht. Wien 1886. — Schmidt, Die Ethik der alten Griechen. Berl. 1882. — Beloch, Die Bevölkerung der griechisch-römischen Welt. Leipz. 1886. — Wachsmuth, Einleitung in das Studium der alten Geschichte. Leipz. 1895. — Ed. Meyer, Forschungen zur alten Geschichte. I. Halle 1892. — Delbrück, Die Perserkriege und die Burgunderkriege. Berl. 1887. — Meyer, Untersuchungen über die Schlacht im Teutoburger Walde. Berl. 1893. — Keller, Zur lateinischen Sprachgeschichte. I. Leipz. 1893. — Meyer-Lübke, Grammatik der Romanischen Sprachen. 2 Bde. Leipz. 1890. 1894. — Bernays, Schriften zur Kritik und Litteraturgeschichte. I. Stuttg. 1895. — Hehn, Gedanken über Goethe. 3. Aufl. Berl. 1895. — Fischer, Goethes Faust. 3. Aufl. Stuttg. 1893. — Baumeister, Handbuch der Erziehungs- und Unterrichtslehre für höhere Schulen. I, 1. II, 2. III, 1 und 2. IV. 2. München 1895. — Florilegium graecum Fasc. I (24 Expl.), II (28 Expl.), IV (23 Expl.), IX (24 Expl.). — Roscher, Ausführliches Lexikon der griechischen und römischen Mythologie. Lief. 1—31. Leipz. 1884 ff. — Naumann, Illustrierte Musikgeschichte. 2 Bde. — Wislicenus, Astronomische Chronologie. Leipz. 1895. — de Fodor, Experimente mit Strömen hoher Wechselzahl und Frequenz. Wien 1894. — Siedel, Der Weg zur ewigen Jugend. Dresd. 1894. — Statistisches Jahrbuch der höheren Schulen Deutschlands. XVI. Jahrg. 1895. Leipz. (Teubner). — Adressbuch der Stadt Zittau 1894—1895.

B. Schülerbibliothek.

Bibliothekar: Oberlehrer Neumann.

Geschenke: Von Herrn Oberlehrer Dr. Gelbke: Arnold, Unter General von der Tann. — Klein, Fröschweiler Erinnerungen. — v. Pflugk-Hartung, Krieg und Sieg 1870/71. — Mischner, Weckrufe eines Veteranen. Vom Herrn Verfasser. — Vom Vereine für innere Mission zu Dresden: Friedrich der Weise, Kurfürst von Sachsen.

Aus den Mitteln der Bibliothek wurden angeschafft: Jäger, Marcus Porcius Cato. Alexander der Grosse. — Müller, Römisches Lagerleben. — Lange, Thukydides und sein Geschichtswerk. — Weissenfels, Entwickelung der Tragödie bei den Griechen. — Aly, Horaz, sein Leben und seine Werke. — Schulze, Das römische Forum als Mittelpunkt des öffentlichen Lebens. — Menge, Ithaka.

Troja und die Troas. — Pohlmey, Der römische Triumph. — Wagner, Eine Gerichtsverhandlung in Athen. — Kleemann, Ein Tag im alten Athen. — Bohatta, Erziehung und Unterricht bei den Griechen und Römern. — Schreyer, Das Fortleben homerischer Gestalten in Goethes Dichtung. — Ziegeler, Aus Pompeji. — Brandt, Von Athen zum Tempethal. — Richter, Bilder aus dem westlichen Mitteldeutschland. — v. Hellwald, Der vorgeschichtliche Mensch. — Riehl, Land und Leute. — v. Köppen, König Albert und das Haus Wettin. Fürst Bismarck und seine Zeit. Graf Helmuth von Moltke. Kämpfe und Helden. Schilderungen aus der deutschen Geschichte. Guhl und Koner, Leben der Griechen und Römer. Kingsley, Römer und Germanen. — Keller, Züricher Novellen. — Rindfleisch, Feldbriefe 1870/71. — Schneller, Kennst du das Land? Bilder aus dem gelobten Lande. — Benkard, Schwarz-weiss-rot. — Kühn, Derfflinger. Seydlitz. Scharnhorst. Nettelbeck. — Spyri, Heimatlos. Aus unserem Lande. Onkel Titus' Landaufenthalt. — Schmidt, Hermann und Thusnelda. Reineke Fuchs. Homers Odyssee. Deutsche Kriege. 1864. 1866. 1870/71. — Horn, Von dem frischen und mutigen Seydlitz. Das Büchlein von dem Feldmarschall Blücher. — Schwab, Die schönsten Sagen des klassischen Altertums. — Hahn, Hans Joachim von Zieten. — Bässler, Hellenischer Heldensaal oder Geschichte der Griechen in Lebensbeschreibungen nach den Darstellungen der Alten. — Pank, Bismarckbüchlein. — Richter, Götter und Helden. Griechische und deutsche Sagen. — Willmann, Lesebuch aus Homer und Herodot. Leutemann, Bilder aus dem Altertum. — Witt, Griechische Götter- und Heldengeschichten. — Hecker, Ernstes und Heiteres aus dem Kriegstagebuche eines sächsischen Oberjägers 1870/71. — v. Eichendorff, Aus dem Leben eines Taugenichts. — Baumbach, Zlatorog. — Göll, Die Weisen und Gelehrten des Altertums. — Bunte Bilder aus dem Sachsenlande, 2. Bd. — Bilder aus den neuen Reichslanden und aus dem südwestlichen Deutschland. — Landschafts- und Städtebilder. — Verschiedene kleinere Erzählungen.

C. Lehrmittel für den Unterricht in Physik und Chemie.
Unter Verwaltung des Prof. Dr. Friedrich.

Angekauft wurden: Schiefe Ebene nach Weinhold; Wellrad mit drei auf gemeinschaftlicher Achse sitzenden Scheiben; Wagen mit beweglicher Walze zur Erklärung des Prinzips der Beharrung; Bodendruckapparat nach Weinhold. Ferner ein Akkumulator, System Reynier,

D. Naturgeschichtliche Sammlungen.
Unter Verwaltung des Oberlehrers Müller.

Angekauft wurden: Fünfzig mikroskopische Präparate von botanischen und zoologischen Objekten; mehrere biologische Präparate von Schmetterlingen von E. Berndt in Löbau; eine Anzahl Nachbildungen von blühenden Zweigen und Früchten von Nutzpflanzen aus der Flora artefacta von Janch-Stein, Breslau.

Geschenkt wurde von der Stadt ein ausgestopfter schwarzer Schwan.

E. Wandkarten.
Unter Verwaltung des Oberlehrers Müller.

Angekauft wurden: Karte von Athen und Umgebung von Cybulsky; Nordamerika, physikalische und politische Schulwandkarte von Kiepert; Karte der Erde in Mercators Projektion von Kerth.

V. Kassenberichte.

a. Witwenkasse.

Einnahme:

Kassenbestand vom Jahre 1894	ℳ 212.35.
Eintrittsgelder und eingegangene Reste	„ 58.--.
Ordentliche Beiträge	„ 527,--.
Beiträge von Gehaltserhöhungen	„ 65.--.
Zinsen	„ 445.49.
Ausgelostes Wertpapier	„ 500.--.
	ℳ 1807.84.

Ausgabe:

Pensionen an elf Witwen	ℳ 704.--.
Ankauf von Wertpapieren	„ 931.--.
Verwaltungsaufwand und Einkommensteuer	„ 17.90.
Kassenbestand für 1896	„ 154.94.
	ℳ 1807.84.

Vermögen der Kasse: 23 Stück 3½% und 7 St. 4% sächs. Staatsschuldscheine zu je 300 ℳ; 5 St. sächs. 4% Kommunalanleihe zu je 500 ℳ; 3 St. sächs. Rente zu 3% von je 500 ℳ; Sparkasseneinlage ℳ 154.94.

Summe der von 1871 bis Ende 1895 gezahlten Pensionen ℳ 13543.24. Zahl der Mitglieder Ende 1895 45, der Witwen 11.

b. Kämmelstiftung.

Einnahme:

Kassenbestand vom Jahre 1894	ℳ 124.62.
Zinsen	„ 105.71.
Geschenk des Herrn Stadtrat Kaufmann Quos; Sühnegelder von friedensrichterlichen Vergleichen	„ 134.65.
	ℳ 364.98.

Ausgabe:

Unterstützungen an zwei Witwen und Porto	ℳ 100.20.
Sparkasseneinlage	„ 264.78.
	ℳ 364.98.

Vermögen der Stiftung: 2 Stück sächs. 3% Rente zu je 1000 ℳ; 4 St. sächs. 3½% Staatspapiere zu je 300 ℳ; Sparkasseneinlage ℳ 264.78.

Summe der seit dem Bestehen der Stiftung — 2. Oktober 1879 — aus der Kämmelstiftung gezahlten Unterstützungen ℳ 1180.

VI. Jahresgeschichte.

Mit Ende des vorigen Schuljahres legte Herr Oberschulrat Professor Dr. Emil Müller sein Amt als Rektor des Gymnasiums nieder und zog sich in den ehrenvollen Ruhestand zurück. Welche Liebe und Verehrung er sich als Leiter und Lehrer der Schule in elfjähriger Wirksamkeit bei allen Kreisen der Stadt und insbesondere bei seinen Amtsgenossen und Schülern erworben hat, davon legte die Reihe der Veranstaltungen, die der Ehrung des Scheidenden gewidmet wurden, beredtes Zeugnis ab. Bereits am Abend des 19. Januar 1895 war er durch eine eigenartige Abschiedsfeier in der Aula erfreut worden, über die er noch selbst im vorigen Jahresbericht berichtet hat. Ihr folgte am 23. März der Fackelzug der Schüler. Von der Turnhalle aus bewegte er sich bei dem Johanneum vorbei nach dem Marktplatz vor das Rathaus, auf dessen Balkon der Gefeierte inmitten des Lehrerkollegiums stand. Nach Ausführung eines prächtigen Fackelreigens unter der Leitung des Herrn Turnlehrers Richter wurde er von dem Abiturienten Otto Winkler in trefflicher Ansprache begrüsst und dankte mit kräftigen, herzgewinnenden Worten, die in ein Hoch auf das Gymnasium und die Stadt Zittau ausklangen. Der Gesang eines von Herrn Oberlehrer Dr. Lamprecht gedichteten Liedes schloss die glänzende Feier; am Abend vereinigten sich noch das Lehrerkollegium mit den Schülern der obersten Klassen und zahlreichen Gästen, unter denen sich viele frühere Schüler befanden, zu einem gemütlichen Trunke in Helds Restauration, der durch Gesänge und Trinksprüche die Gesinnung der Teilnehmer zum herzlichsten Ausdruck brachte. In seiner letzten Konferenz nahm der Herr Oberschulrat am Vormittag des 4. April bewegten Abschied von seinen Amtsgenossen und empfing nach einer Ansprache des Herrn Konrektors Friedrich als Erinnerungszeichen ein Glasgemälde mit Ansichten des Oybins und seiner Umgebung (aus der Werkstatt von Türcke & Schlein); er selbst stiftete für das Konferenzzimmer sein Bild. Nachmittags 2 Uhr hielt er noch die Kretzschmar'sche Gedächtnisrede, die von dem Meister der Lehrkunst unter den Griechen, Sokrates, handelte, und sagte den Schülern in herzlichen Worten Lebewohl. Auch eine Abordnung der jetzt studierenden ehemaligen Schüler war erschienen, deren Sprecher Herr stud. theol. Wauer aus Herrnhut dem Gefeierten ihren Dank und gute Wünsche für seinen Lebensabend darbrachte. Am Abend desselben Tages fand auf Veranlassung des Lehrerkollegiums in dem vom Stadtrat bereitwilligst überlassenen und schön geschmückten Bürgersaale ein Abendessen statt, an dem die Mitglieder der Gymnasialkommission, viele Amtsgenossen des Realgymnasiums und Vertreter der königlichen, kaiserlichen und städtischen Behörden der Stadt und andere Freunde der Schule und des Scheidenden, im ganzen etwa 80 Personen, teilnahmen. Die stattliche Reihe der Trinksprüche eröffneten Herr Bürgermeister Oertel und Herr Konrektor Friedrich; der Grundton auch dieser letzten Feier, der aus Ernst und Scherz erklang, war die dankbare Erinnerung an die segensreiche Wirksamkeit, die von der lebendigen und anregenden Persönlichkeit des ehrwürdigen Mannes ausgegangen war, zugleich aber auch der aufrichtige Wunsch eines langen und ungetrübten Ruhestands.

Inmitten dieser für ihr inneres Leben bedeutungsvollen Veranstaltungen hatte die Schule nicht versäumt, an der gewaltigen Festbewegung teilzunehmen, welche die Feier des achtzigsten Geburtstags unsers Altkanzlers im ganzen Deutschland erregte. Am 1. April hielt sie gemeinsam mit dem Realgymnasium im Festsaal des Johanneums einen feierlichen Aktus ab, dessen Mittelpunkt die Rede des Herrn Realgymnasialoberlehrers Lorenz über den Fürsten Bismarck als ein Vorbild der deutschen Jugend bildete.

Das ist es, was der unterzeichnete Berichterstatter nach gütigen Mitteilungen des Herrn Konrektors Prof. Dr. Friedrich über den Schluss des Schuljahres 1894/5 in die Jahresgeschichte der Schule aufzunehmen hat. Er selbst, durch das Vertrauen des Königlichen Ministeriums des

Kultus und öffentlichen Unterrichts zur Leitung des Gymnasiums berufen, wurde am 18. April vor der Gymnasialkommission von dem Vorsitzenden, Herrn Bürgermeister Oertel, im Auftrage der höchsten Behörde verpflichtet. Die Feier seiner Einweisung fand am 22. April — am Jahrestage der vor 11 Jahren erfolgten Einweisung seines Vorgängers — statt und wurde durch die Teilnahme des Herrn Geh. Schulrats Dr. Vogel aus Dresden und zahlreicher Gäste aus der Stadt ausgezeichnet. Der Schulchor eröffnete sie durch den Gesang des von A. Becker für achtstimmigen Chor komponierten 147. Psalms. In seiner Einweisungsrede hob Herr Bürgermeister Oertel hervor, welchen Wert die Stadt auf ihr altes Gymnasium lege, das durch die Pflege der klassischen Geistesschätze gerade in der Gegenwart berufen sei, die Fahne des Idealismus hochzuhalten, und begrüsste den neuen Rektor mit herzlichen Segenswünschen für ihn und die Schule. Der Teilnahme der höchsten Behörde verlieh Herr Geh. Schulrat Dr. Vogel warmen Ausdruck und führte in bedeutsamen Worten aus, wie die Geisteswelt des Altertums den Anforderungen der Gegenwart entsprechend als Hauptbildungsmittel des humanistischen Gymnasiums zu verwenden sei. Im Namen des Lehrerkollegiums und der Schüler sprach Herr Konrektor Friedrich; mit herzlichen Worten hiess er den Nachfolger des unvergesslichen Rektors Müller willkommen und versicherte ihm, dass die Amtsgenossen vertrauensvoll und in bewährter Eintracht zu treuer Mitarbeit bereit seien und die Schüler durch ihr bisheriges Verhalten zu der Hoffnung berechtigten, dass sie das Gelöbnis des Gehorsams und des Fleisses, das die Primi aller Klassen durch Handschlag im Namen ihrer Mitschüler geben sollten, gewissenhaft und freudig halten würden. Nachdem die Schüler der Aufforderung des Herrn Konrektors nachgekommen waren und der Chor den von Mendelssohn komponierten 100. Psalm gesungen hatte, hielt der Unterzeichnete seine Antrittsrede. Ein überzeugter Anhänger der klassischen Bildung war er doch an diesem Tage nicht gestimmt, über ihren Wert und Gehalt zu disputieren, zumal da er sich bewusst ist, dass der Sieg nur denen gehören wird, die durch die Erfolge ihrer Lehrthätigkeit die Berechtigung ihrer Lehrmittel erweisen; vielmehr drängte es ihn, die Erfahrungen seiner bisherigen Amtsführung in dem stolzen Bekenntnis zusammenzufassen: auch ich bin ein Lehrer, auch ich darf der Erzieher, der Freund der Jugend sein. Es war ihm Herzenssache, die idealen Vorzüge seines Standes und Berufes zu beleuchten und zu zeigen, wie der Lehrer und Erzieher in allen Punkten nur an den gesunden Trieben der Jugend anzusetzen brauche, um seine Aufgabe mit Erfolg und zur eigenen Befriedigung zu erfüllen, ohne sich vertrauensselig der eitlen Hoffnung hinzugeben, dass die Jugend anders als durch Ernst und Anspannung ihrer Kräfte, etwa gar durch schwächliche Nachsicht bei Laune erhalten, zu wissenschaftlichem Streben, zur Wahrheitsliebe und Gottesfurcht erzogen werden könne. „Die Schule ist kein Spiel" rief er am Schluss seinen neuen Schülern zu und ermahnte sie zu Fleiss und Gehorsam nicht nur gegen ihn, sondern auch gegen den mit ihm berufenen Herrn Oberlehrer Müller, der vom Gymnasium zu Dresden-Neustadt hierher versetzt, gleichzeitig mit ihm verpflichtet worden war und jetzt mit kurzen Worten, die dem durch seine frühere Wirksamkeit berechtigten Vertrauen zu ihm Ausdruck gaben, in sein neues Amt eingewiesen wurde. Ein Gebet und der gemeinsame Gesang „Lass mich dein sein und bleiben" schloss die Feier. Herr Oberlehrer Müller trat an die Stelle des Herrn Oberlehrers Dr. Rudolf Prescher, der seit Ostern 1887 insbesondere den naturwissenschaftlichen und geographischen Unterricht mit sichtlichem Erfolge erteilt hatte, leider aber durch schwere Krankheit gezwungen worden war, auf längere Zeit Urlaub zu nehmen. Inzwischen ist Herr Oberlehrer Prescher vom Königlichen Ministerium an das Realgymnasium zu Döbeln berufen worden; an seiner Genesung nahm das Kollegium, das ihn als tüchtigen und eifrigen Amtsgenossen geschätzt hatte, freudigen Anteil und wünscht ihm und seiner Familie Gottes Segen in der neuen Heimat.

Über ihren bisherigen Lebensgang teilen der Unterzeichnete und Herr Oberlehrer Müller folgendes mit:

Friedrich Konrad Seeliger wurde geboren zu Nossen am 6. Juli 1852, erzogen aber in Bautzen, wohin sein Vater noch in demselben Jahre als Schuldirektor berufen wurde. Von 1863 bis 1871 besuchte er das unter der Leitung von Friedrich Palm stehende Gymnasium in Bautzen und von 1871 bis 1875 die Universität in Leipzig, wo er 1874 die philosophische Doktorwürde erlangte und am Anfang des folgenden Jahres die Staatsprüfung für das höhere Schulamt bestand. Von 1875 bis 1880 war er am Gymnasium zu Dresden-Neustadt zunächst als provisorischer, seit 1876 als ständiger Oberlehrer thätig; 1880 an die Fürstenschule in Meissen versetzt erhielt er Michaelis 1883 den Titel eines Professors. Seit Mich. 1891 gehörte er dem Gymnasium in Zwickau als Oberlehrer an, bis ihn das Vertrauen der höchsten Behörde in sein gegenwärtiges Amt berief.

Paul Johannes Müller, geboren am 9. September 1850 in Borna bei Chemnitz, besuchte von 1865 bis 1870 das Gymnasium in Zwickau, nahm dann am französischen Feldzuge teil und studierte bis Ostern 1876 in Leipzig Deutsche Sprache Geographie und Naturwissenschaften. Nachdem er ein halbes Jahr an dem Realgymnasium in Leipzig als Vikar thätig gewesen war, war er bis 1879 Lehrer an der Realschule in Werdau, bis 1884 an der Lehr- und Erziehungsanstalt des Herrn Dr. Schaffner in Gumperda bei Kahla und bis 1891 an der Realschule von C. W. Debbe in Bremen; dort fand er Gelegenheit, sich mit den neueren Sprachen zu beschäftigen. Mich. 1891 wurde er von dem Königl. Sächsischen Ministerium an das Gymnasium in Dresden-Neustadt berufen und Ostern 1895 an das hiesige Gymnasium versetzt.

Bereits am Vormittag des 22. Aprils hatte die Aufnahmeprüfung stattgefunden, durch die der Schule 31 neue Schüler zugeführt wurden. Ehe aber der Unterricht begann, vereinigte die Feier des Geburtstags Sr. Majestät des Königs die beiden Schulen des Johanneums in der festlich geschmückten Aula. Es sprach dabei, nachdem das Stadtorchester die Jubelouverture von C. M. v. Weber gespielt hatte, der Unterprimaner Herz einen von ihm gedichteten Glückwunsch an den König, und der Obersekundaner Friedrich trug die Ode vor, die König Johann zur Geburt seines Sohnes gedichtet hatte; nach weiteren Deklamationen des Untertertianers Oertel und des Quartaners Eckstein und dem Gesange der Motette: Salvum fac regem von Fr. Richter hielt Herr Gymnasialoberlehrer Neumann die Festrede über König Johann.

Die grossen Erinnerungen an die ruhmvollen Waffenthaten des deutschen Heeres vor 25 Jahren, die im vergangenen Jahr alle gutdeutsche Herzen bewegten, liessen natürlich auch das Schulleben nicht unberührt. Je volkstümlicher aber sich überall diese vaterländischen Feste gestalteten, desto weniger durfte sich die Schule dabei von der Bürgerschaft trennen und nahm daher bereitwillig die freundliche Einladung des in der Stadt zusammengetretenen Festausschusses zur gemeinsamen Feier des Sedanfestes am 2. September an. So beteiligte sich denn eine Abordnung der Schüler mit der Schulfahne an der Feier auf dem Friedhof, bei der die Kriegergräber geschmückt wurden; die ganze Schule war zum Festgottesdienst in der Johanniskirche versammelt und nahm an dem Festzug, der sich nachmittags vom Ottokarplatz durch die Stadt nach der Weinau bewegte, teil. Die liebenswürdige Gefälligkeit des Ausschusses hatte den beiden Gymnasien auf der Leskenteichwiese einen freundlichen und geräumigen Festplatz überlassen, und da sich die jüngeren Schüler als Preisschützen nach der Scheibe, die älteren als flotte Tänzer auf einem im Grünen hergestellten Tanzboden bewähren konnten, auch für leibliche Genüsse umsichtig gesorgt war, so herrschte unter dem blauen Himmel überall ein reges, buntes Treiben, das die Festlust steigerte und die Gäste von allen Seiten heranzog, bis das Signal den Festzug zur Heimkehr wieder versammelte; im Glanze der Fackel schritt er durch die hell erleuchteten Strassen nach dem Markte, und wie so manches gute Wort an diesem Tage gesprochen worden war, wurde er auch hier durch eine kräftige Ansprache geschlossen. Da die Knappheit der Zeit nicht gestattet hatte, einen von beiden Gymnasien eingeübten Reigen auf der Festwiese auszuführen, so benutzte die Schule die nächsten Mittwochstunden, die allwöchentlich im Sommer den Jugendspielen in der Weinau bestimmt sind, um ihrerseits vor zahlreich erschienenen Angehörigen der Lehrer- und Schülerschaft das Versäumte nachzuholen. Unter Musikbegleitung wurde der Reigen und im Anschluss daran die Freiübungen, geleitet von Herrn Turnlehrer Richter, ausgeführt; dann wetteiferten die besten Turner der vier obersten Klassen in Sprung, Steinstoss und Lauf; die Sieger wurden durch Bücherpreise und Eichenkränze ausgezeichnet. Auch die Schulfeier, auf die am Sedantag zu Gunsten des allgemeinen Festes verzichtet worden war, wurde an einem anderen grossen Erinnerungstag nachgeholt: am 18. Januar wurde von den vereinigten Gymnasien die Gedenkfeier der Errichtung des Deutschen Reiches in Anwesenheit zahlreicher Gäste abgehalten. Die Feier leitete der Chor mit dem Gesang: „Die Himmel erzählen die Ehre Gottes" (aus dem Oratorium „Die Schöpfung" von J. Haydn) ein, woran sich der allgemeine Gesang der zwei ersten Verse des Liedes: „Allein Gott in der Höh sei Ehr" anschloss. Darnach trugen der Obertertianer Johannes Bretschneider das Gedicht von Fr. Rückert: Die Strassburger Tanne und der Unterprimaner Reinhard Herz Geibels: An Deutschland vor. Der Chor sang den von Franz Müller gedichteten und von Fr. Kriegeskotten komponierten Kaiserhymnus; es folgte die Festrede des Gymnasialoberlehrers Wolff; den Schluss bildete der allgemeine Gesang von „Deutschland, Deutschland über alles".

Noch sei an dieser Stelle der Schulfahrt gedacht, die am 20. Juni von den einzelnen Klassen in die nähere oder entferntere Umgebung der Stadt bei schönstem Wetter ausgeführt wurde, und endlich des Schulballs, der am 13. Dezember in den Sonnensälen gehalten wurde; er war durch den Besuch zahlreicher Gäste ausgezeichnet und brachte auch ein kleines Festspiel des Herrn Professors Dr. Wilisch, das von jüngeren Schülern unter grossem Beifall aufgeführt wurde.

Hiermit genug der Feste, welche die ernste Arbeit des Schuljahrs unterbrachen. Wir danken Gott, dass sie weder durch ernstere Krankheit noch sonst einen Unfall Störung erlitten hat; auch wegen allzu grosser Hitze brauchte der Unterricht nur an zwei Nachmittagen — am 1. Juli und 23. August — ausgesetzt zu werden. Bei Beginn des Unterrichts nach den Ferien im Sommer, im Herbst und nach Neujahr hielten die gemeinsamen Andachten die Herren Professor Schulze, Dr. Gelbke und Oberlehrer Klötzer. Am 8. Mai und wieder am 16. Oktober empfingen Lehrer und Schüler des Gymnasiums und Realgymnasiums in der Johanniskirche das Heilige Abendmahl. Die Beichtreden hielten die Herren Diakonus Gocht und Archidiakonus Richter, die Vorbereitungsandachten an den Vorabenden Herr Oberlehrer Dr. Gärtner. Die diesjährigen Konfirmanden der Schule wurden von Herrn Diakonus Herz vorbereitet. Hierbei wird auch mit Dank über ein Geschenk berichtet, das der Dresdener Stadtverein für innere Mission der Direktion übersandt hat: es besteht in 20 Abdrücken der Schrift: „Friedrich der Weise, Kurfürst von Sachsen. Ein Charakterbild aus dem deutschen Volke und für das deutsche Volk." Sie werden bestimmungsgemäss an tüchtige Schüler verteilt werden.

Dem Gedächtnis früherer Schüler und Wohlthäter des Gymnasiums galten folgende Veranstaltungen: Am 16. August waren es hundert Jahre, dass der grosse Tonkünstler Heinrich Marschner in Zittau geboren wurde. Das Gymnasium zählt ihn mit Stolz zu seinen Schülern. Er wurde am 27. November 1804 in die Quinta aufgenommen und trat bereits einen Monat später in den Gymnasialchor ein, wozu er nicht bloss eine schöne Sopranstimme, sondern auch grosse musikalische Befähigung mitbrachte. Das im Gymnasialarchiv befindliche Chorbuch giebt sicheren Aufschluss darüber, dass er vom Dezember 1804 bis Mai 1808, zuletzt als Konzertist im Sopran, diesem Verbande angehört hat. Im Mai 1808 verliess er Zittau und begab sich auf das Bautzener Gymnasium; veranlasst wurde er dazu teils durch häusliche Verhältnisse, teils durch den Einfluss des dortigen Kantors Bergt. Doch schon im Oktober desselben Jahres kehrte er in seine alte Schule zurück; bis zum Mai 1809 und dann wieder vom Januar 1812 bis Januar 1813 hat er auch dem Chor von neuem angehört; Ostern verliess er die Schule, um, wie es im Schulprogramm heisst, „in Prag sein Talent für Musik weiter auszubilden"; nach kurzer Zeit aber ging er von Prag nach Leipzig zum Studium der Rechte. Allein der Drang der Begabung machte sich bald wieder geltend: Schicht, dem Kantor an der Thomasschule, wurde es nicht schwer, ihn ganz für die Tonkunst zu gewinnen. Die hundertste Wiederkehr seines Geburtstags brauchte das Gedächtnis des grossen Künstlers, das in seinen Werken fortlebt, nicht erst zu erneuern; dem Gymnasium aber bot sie die Gelegenheit, das Andenken des berühmten Schülers zu feiern. Als am 16. August vormittags vor Marschners Denkmal eine musikalische Feier gehalten wurde, legten im Namen des Lehrerkollegiums der Rektor und Herr Kantor Stöbe einen Kranz mit Schleife und Widmung dort nieder; nach den Ferien, am 21. August, veranstaltete die Schule eine besondere Gedächtnisfeier in Gegenwart einiger Gäste; die Rede über Heinrich Marschner hielt Herr Oberlehrer Klötzer, dem auch die oben gemachten Mitteilungen über Marschners Schulleben verdankt werden; der Gymnasialchor sang unter Leitung des Herrn Kantors Stöbe am Anfang und Schluss der Feier: Liedesfreiheit ("Frei wie des Adlers mächtiges Gefieder") und Ein Mann, ein Wort ("Wir wollen frei und einig sein"), Gesänge a cappella von Heinrich Marschner, für gemischten Chor eingerichtet von Paul Stöbe.

Am 9. Dezember fand in der Aula die Senator-Just-Feier statt. Herr Oberlehrer Dr. Eckstein, der dazu durch ein Schriftchen über das von ihm im hiesigen Amtsarchiv gefundene Bruchstück einer Senecahandschrift eingeladen hatte, sprach über das antike Buchwesen; der Chor sang am Schluss die Adventsmotette: "Macht hoch die Thür" von J. G. Herzog.

Dem Gedächtnis von acht Wohlthätern der Schule (M. Mascus, A. v. Kohl, C. Keimann, M. C. Winkler, C. C. Seligmann, G. Hoffmann, A. E. Mirus und A. Just) und der Erinnerung an die im Jahre 1895 verstorbenen ehemaligen Schüler des Gymnasiums galt die Feier am 20. Dezember. Herr Konrektor Dr. Friedrich, der dazu durch ein Schriftchen über "Unsre Leuchtstoffe" eingeladen hatte, sprach über den idealen Bildungswert der Naturwissenschaften. Darauf gedachte der unterzeichnete Rektor folgender ehemaligen Schüler, deren Tod in Erfahrung gebracht werden konnte:

1. Julius August Venus, Past. em., Ritter des Albrechtsordens 1. Klasse, in Ebersbach, geb. 10. Febr. 1818 in Zittau, 1830—1839 Schüler des Gymn., 1845—1857 Bürgerschullehrer hier, 1857—1887 Diakonus, später Pfarrer in Ebersbach, † am 13. Juni.
2. Heinrich Moritz Willkomm, Dr. phil., Professor an der Universität Prag, kais. russischer Staatsrat, Komtur und Ritter hoher Orden, geb. 29. Juni 1821 in Herwigsdorf bei Zittau, 1833—1841 Schüler des Gymn., 1852—1855 Privatdozent in Leipzig, 1855—1868 Professor an der Forstakademie in Tharandt, 1868—1873 Professor in Dorpat, seit 1873 in Prag, ein hervorragender Botaniker, † d. 25. August in Wartenberg bei Niemes.
3. Karl August Wartenberger, Rechtsanwalt in Zittau, geb. 17. Juli 1879 in Zittau, 1841—1849 Schüler des Gymn., † am 3. Mai.
4. Moritz Otto Haucke, Kaufmann in Hamburg, geb. 16. Febr. 1647 in Zittau, 1857—1867 Schüler des Gymn., Soldat im Feldzuge von 1870/71, nachher Kaufmann in Malaga und später in Hamburg, † am 24. Juni.
5. Max Franz Oskar Scheven, Dr. iur., Referendar in Berlin, geb. 9. Mai 1857 in Zittau, 1867—1876 Schüler des Gymn., † am 6. Mai.
6. Friedrich Ottomar Karig, Kaufmann in Dessau, geb. 22. Okt. 1863 in Zittau, 1874—1882 Schüler des Gymn., † am 21. Oktober in Zittau.
7. Karl Robert Ernst Rietschel, Dr. med., Assistenzarzt im 3. Inf.-Reg. No. 102 in Zittau, geb. 28. Aug. 1867 in Dresden, 1877—1879 Schüler des Gymn., † 8. März.
8. Karl Alfred Schöbel, Referendar in Ebersbach, geb. 27. Okt. 1867 in Sohland a. d. Spree, 1880—1887 Schüler des Gymn., † 2. September.
9. Gustav Arthur Seiler, Cand. med. in Seifhennersdorf, geb. 5. Okt. 1868 in Seifhennersdorf, 1879—1889 Schüler des Gymn., † am 30. Juni.

Der Chor sang zu ihrem Gedächtnis das Ecce von Jac. Gallus und nach einem kurzen Schlusswort des Rektors das altböhmische Weihnachtslied: Kommt, ihr Hirten, ihr Männer und Frauen (Tonsatz von C. Riedel).

Auch in diesem Schuljahre veranstaltete Herr Kantor Stöbe mit dem Gymnasialchor eine geistliche Musikaufführung in der Johanniskirche. Sie fand am Abend des Totensonntags (24. November) unter Mitwirkung von Frau Stöbe-Spiegelberg, Frl. Bretschneider, Frl. Serfling und der Herren Musikdirektor Albrecht, Dr. Behrend und Konzertmeister Maier statt. Dabei kamen zum Vortrag: 1. F. Mendelssohn, Präludium in G-dur. 2. Jac. Gallus, Ecce quomodo moritur iustus. 3. F. Mendelssohn, Ruhethal; Engelterzett aus dem Elias. 4. J. Rheinberger, Thema mit Veränderungen für Orgel, Violine und Cello. Aus der Suite op. 149. 5. H. Marschner, Empor! Terzett für Frauenstimmen. 6. W. A. Mozart, Larghetto aus dem Klarinettenquintett für Violine und Orgel. 7. B. Kotte, Orgelphantasie in C-moll. 8. C. Riedel, Zwei altböhmische Weihnachtslieder. a) Freu dich, Erd und Sternenzelt. b) Lasst alle Gott uns loben.

Im Anschluss daran sei der Generalverordnung des Königl. Ministeriums vom 17. April 1895 gedacht, durch welche die Rektoren der Gymnasien angewiesen werden, dafür Sorge zu tragen, dass die künftigen Theologen während der Gymnasialzeit ihre Ausbildung im Gesange nicht versäumen.

VII. Prüfungen und Schlussfeierlichkeiten.

Die schriftlichen Prüfungen der Klassen wurden am 16., 17. und 18. September und am 2. 7. März gehalten.

Zur Reifeprüfung, die mit der mündlichen am 9. und 10. März geschlossen wurde, waren 21 Oberprimaner zugelassen, von denen 18 sie bestanden. Als Königlicher Prüfungskommissar war für diesmal der unterzeichnete Rektor beauftragt. Das Ergebnis im einzelnen zeigt folgende Übersicht:

	Wissenschaftliche Zensur.	Sittenzensur.	Studium oder Beruf.
Bernhard Jacubowsky	IIa	I	Rechtswissenschaft.
Paul Mühsam	IIa	I	Rechtswissenschaft.
Fritz Bechstein	IIa	I	Rechtswissenschaft.
Rudolf Schulze	II	I	Neuere Sprachen.
Kurt Resch	IIa	I	Theologie.
Johannes Herz	IIa	I	Theologie.
Ernst Schönfelder	II	I	Forstwissenschaft.
Arthur Kölbing	IIa	I	Neuere Sprachen.
Otto Steudner	IIIa	I	Rechtswissenschaft.
Horst Moser	IIIa	I	Medizin.
Salo Glaser	IIb	Ib	Rechtswissenschaft.
Arthur Seifert	IIIa	I	Steuerfach.
Walther Rüffer	IIIa	Ib	Medizin.
Arthur Kind	III	I	Steuerfach.
Max Bischoff	IIIa	I	Theologie.
Paul Seyffert	IIb	I	Medizin.
Gerhard Baumfelder	III	I	Medizin.
Franz Lucius	III	I	Apotheker.

Für die am 18. März vormittags 10 Uhr in der Aula stattfindende feierliche Entlassung der Geprüften ist folgende Ordnung festgesetzt:

1. Chor: Der 23. Psalm. Motette von G. Jansen.
2. Lateinischer Vortrag des Abiturienten Jacubowsky: Athenienses qua fuerint in cives amplissimos levitate atque crudelitate.
3. Griechischer Vortrag des Abiturienten Mühsam: Ἐγκώμιον Εἰρήνης.
4. Hebräisches Dankgebet des Abiturienten Resch.
5. Chor: Leben in Gott. Motette von M. Hauptmann.

6. Französischer Vortrag des Abiturienten Schulze: La parole de Hutten „O siècle, comme il fait beau vivre dans toi!" appliquée aux temps actuels.
7. Deutscher Vortrag des Abiturienten Herz über einige Aussprüche des Pylades in Goethes Iphigenie.
8. Deutsches Abschiedsgedicht des Unterprimaners Heisterbergk.
9. Chor: „Ade, ade, ihr zieht hinaus" von Paul Stöbe.
10. Entlassungsrede des Rektors.
11. Allgemeiner Gesang: Ach bleib mit deinem Segen (Gesangbuch Nr. 192 v. 4 u. 6).

Die öffentlichen Prüfungen sollen Dienstag den 24. März in folgender Ordnung gehalten werden:

Vormittag

8 Uhr	Min.	bis	8 Uhr	30 Min.	Sexta	Religion	Klötzer.
8 „	30 „	„	9 „	— „	Sexta	Lateinisch	Otto.
9 „	— „	„	9 „	30 „	Quinta	Geographie	Müller.
9 „	30 „	„	10 „	— „	Quinta	Lateinisch	Koch.
10 „	— „	„	10 „	35 „	Untersekunda	Physik	Friedrich.
10 „	35 „	„	11 „	15 „	Untertertia	Griechisch	Neumann.
11 „	15 „	„	12 „	— „	Quarta	Lateinisch	Wolff.

Dazwischen Gedichtvorträge der Schüler Reinhold Schmidt, Jacobi, Fröhlich, Bursch, Wolfgang Bretschneider.

Nachmittag

2 Uhr	— Min.	bis	2 Uhr	40 Min.	Obertertia	Mathematik	Lamprecht.
2 „	40 „	„	3 „	20 „	Obersekunda	Deutsch	Eckstein.
3 „	20 „	„	4 „	— „	Unterprima	Horaz	Wilisch.

Dazwischen Gedichtvorträge der Schüler Zietzschmann, Freude und Herz.
Von 5—6 Turnen der Klassen Sexta, Quarta, Untersekunda, Obertertia, Unterprima.

Die Kretzschmarsche Gedächtnisrede wird der Unterzeichnete Donnerstag den 26. März vormittags 11 Uhr halten. Daran soll sich die Verteilung der Prämien aus der Kretzschmarschen und der Senator-Justschen Stiftung schliessen.

Zur Teilnahme an diesen Schulfeierlichkeiten werden die geehrten Behörden und Freunde der Schule, insbesondere die Eltern der Schüler, ergebenst eingeladen.

Zittau, den 11. März 1896.

Dr. Konrad Seeliger.

Anhang.

Verzeichnis der Schulbücher für das Schuljahr 1896/7.

Sexta.

1) Landesgesangbuch mit Choralbuch. 2) Der kleine Katechismus. 3) Preuss, Biblische Geschichten. 4) Regeln und Wörterverzeichnis für die deutsche Rechtschreibung. 5) Hopf und Paulsiek, Deutsches Lesebuch für höhere Lehranstalten. I. Für Sexta. 6) Stegmann, Lateinische Grammatik. 7) Busch und Fries, Lateinisches Übungsbuch. I. Für Sexta (Ausgabe für Sachsen). 8) W. Koch, Rechenheft III und IV. 9) Schreyer, Landeskunde von Sachsen. 10) Debes, Schulatlas für die Oberklassen höherer Lehranstalten. 11) A. Schäfer, Geschichtstabellen. 12) Mason, Zeidler und Unglaub, Neue Gesangschule. 3. Heft.

Quinta.

1. 2. 3. 4 6. 10. 11. 12. Ausserdem: 13) Bibel. 14) Hopf und Paulsiek (s. 5). II Für Quinta. 15) Busch und Fries (s. 7). II. Für Quinta. 16) Kober, Aufgaben für das schriftliche Rechnen. II. 17) Kirchhoff, Schulgeographie.

Quarta.

1. 2. 3. 4. 6. 10. 11. 13. 16. 17. Ausserdem: 18) Hopf und Paulsiek (s. 5). III. Für Quarta. 19) Busch und Fries (s. 7). III. Für Quarta. 20) Cornelius Nepos von J. Siebelis (Teubner). 21) Plötz, Kurzgefasste systematische Grammatik der französischen Sprache. 22) Plötz, Methodisches Lese- und Übungsbuch zur Erlernung der französischen Sprache. I. Teil. 23) Kober, Aufgaben für das schriftliche Rechnen. III.

Untertertia.

1. 2. 4. 6. 10. 11. 13. 17. 21. 22. Ausserdem: 24) Hollenberg, Hilfsbuch für den evangelischen Religionsunterricht in den Gymnasien. 25) Hopf und Paulsiek (s. 5). IV. Für Untertertia. 26) Caesaris commentarii de bello Gallico von Kraner und Dittenberger (Weidmann). 27) Warschauer und Dietrich, Lateinisches Übungsbuch. I (mit Vokabular). 28) Franke, Chrestomathie aus römischen Dichtern (im Winter). 29) Gerth, Griechische Schulgrammatik. 30) Gerth, Griechisches Übungsbuch. I. 31) Bardey, Aufgabensammlung. 32) Spieker, Lehrbuch der ebenen Geometrie.

Obertertia.

1. 2. 4. 6. 10. 11. 13. 17. 20. 21. 24. 26. 28. 29. 31. 32. Ausserdem: 33) Viehoff, Deutsches Lesebuch. II. 34) O. E. Schmidt, Lieder der Deutschen aus den Zeiten der Freiheitskriege. 35) Warschauer und Dietrich, Lateinisches Übungsbuch. II (mit Vokabular). 36) Lateinisch-Deutsches und Deutsch-Lateinisches Wörterbuch (empfohlen: Georges oder Heinichen). 37) Ciceros Reden, Auswahl von Stegmann I. (Teubners Schülerausgabe ohne Erklärungen — im Winter). 38) Gerth, Griechisches Übungsbuch. II. 39) Xenophons Anabasis von Vollbrecht (Weidmann — im Winter). 40) Griechisch-Deutsches Wörterbuch (empfohlen: Benseler oder Jacobitz und Seiler — im Winter). 41) Choix de nouvelles modernes von Wychgram. I. (Velhagen & Klasing). 42) Kümmel und Ulbricht, Grundzüge der Geschichte. I. 43) Kiepert, Atlas antiquus.

Untersekunda.

1. 2. 4. 6. 10. 11. 13. 21. 24. 26. 29. 31. 32. 36. 37. 39. 40. 42. 43. Ausserdem: 44) Schillers Gedichte. 45) Anthologie aus den römischen Elegikern von Peters. 2. Heft. (Gotha 97b) 46) Sallustius, De bello Jugurthino von Schmalz (Gotha 5b — im Winter). 47) Ovid, Metamorphosen von Siebelis und Polle. 1. Heft. (Teubnersche Schulausgabe mit Anmerkungen — im Winter). 48) Deutsch-Griechisches Wörterbuch. 49) Xenophons Hellenika von Grosser. I. Bändchen. (Gotha 4b — im Winter). 50) Homers Odyssee von Faesi (Weidmann — im Winter). 51) Französisch-Deutsches und Deutsch-Französisches Wörterbuch (empfohlen die Schulausgabe von Sachs-Villatte oder Schmidt-Köhler). 52) Rollin, Histoire d'Alexandre le Grand von Franz (Velhagen & Klasing B-Ausgabe). 53) Meutzner, Lehrbuch der Physik.

Obersekunda.

1, 2. 4. 6. 10. 11. 18. 21. 24. 29. 31. 32. 36. 40. 42. 43. 44. 51. 53. Ausserdem: 54) Ferd. Hoffmann, Deutsches Lesebuch für Obersekunda (Hopf und Paulsiek VII). 55) Klee, Grundzüge der deutschen Litteraturgeschichte. 56) Drenckhahn, Leitfaden zur lateinischen Stilistik. 57) Livius I u. II von Heynacher und Klett (Gotha 32b und 29b). 58) Cicero, Cato maior von Sommerbrodt (Weidmann). 59) Vergils Aeneis nebst ausgewählten Stücken der Bucolica und Georgica von W. Kloucek (Freytag). 60) Lysias, Ausgewählte Reden von Rauchenstein und Fuhr. I. Bändchen (Weidmann). 61) Homers Odyssee von Ameis und Hentze (Teubner) oder von Faesi (Weidmann). 62) Herodot von Dietsch und Kallenberg. 2. Band. (Teubner-Text — im Winter). 63) Ségur, Histoire de Napoleon et de la Grande-Armée en 1812 von Schmager. II. Teil. (Velhagen & Klasing B-Ausgabe.) 64) Wittstein, Fünfstellige Logarithmen. 65) Kämmel-Ulbricht, Grundzüge der Geschichte. II. 66) Empfohlen: Putzger, Historischer Schulatlas.

Unterprima.

1. 2. 4. 6. 10. 11. 13. 24. 29. 31. 32. 36. 40. 42. 43. 46. 51. 53. 55. 56. 64. 65. 66. Ausserdem: 67) Muff, Deutsches Lesebuch für Prima. (Hopf und Paulsiek VIII.) 68) Klopstocks Oden (Freytags Schulausgabe). 69) Tacitus, Germania von Egelhaaf (Gotha 43b). 70) Cicero, Rede gegen Verres V von Hachtmann (Gotha 74b). 71) Ciceros ausgewählte Briefe von Frey (Teubner-Ausgabe mit Anmerkungen — im Winter). 72) Horaz, Oden von Nauck und Weissenfels (Teubner-Ausgabe mit Anmerkungen). 73) Thukydides VI u. VII von Sitzler (Gotha 70b, 76b). 74) Platon, Apologie und Kriton von Cron (Teubner-Ausgabe mit Anmerkungen — im Winter). 75) Homers Ilias (Teubner-Text). 76) Euripides, Iphigenie im Taurierland von Weeklein (Teubner-Ausgabe mit Anmerkungen — im Winter). 77) Plötz, Schulgrammatik der französischen Sprache. 78) Racine, Mithridate von Stern (Velhagen & Klasing B-Ausgabe). 79) Herrig und Burgny, La France littéraire (im Winter). 80) Kämmel und Ulbricht, Grundzüge der Geschichte. III.

Oberprima.

1. 2. 4. 10. 11. 13. 24. 29. 31. 32. 36. 40. 42. 43. 46. 51. 53. 55. 56. 64. 65. 66. 72. 73 (Buch VII) 77. 79. 80. Ausserdem: 81) Ellendt-Seyffert, Lateinische Grammatik (oder 6). 82) Tacitus, ab excessu divi Augusti von Halm (Teubner-Text). Tacitus, Germania. Agricola, Dialogus (Teubner-Text). 83) Chrestomathie der silbernen Latinität von Opitz und Weinhold. 2. u. 4 Heft. (Teubner). 84) Horaz, Satiren und Episteln von Krüger (Teubner-Ausgabe mit Anmerkungen). 85) Demosthenes, Ausgewählte Reden von Westermann I. Bändchen (Weidmann). 86) Platon, Protagoras von Deuschle und Cron (Teubner-Ausgabe mit Anmerkungen — im Winter). 87) Sophokles, Oedipus Tyrannus von Schneidewin und Nauck (Weidmann). 88) Sophokles, Elektra von Schneidewin und Nauck (Weidmann — im Winter). 89) Molière, Le Misanthrope von Scheffler (Velhagen & Klasing B-Ausgabe).

Für den wahlfreien Unterricht.

Hebräisch. Strack, Hebräische Grammatik und Vokabular. — Ein Lexikon und Codex V. T. (Für Oberprima).

Englisch. Gesenius, Lehrbuch der englischen Sprache. I. Teil (Für Obersekunda). Kade, Anleitung zur Erlernung der englischen Sprache (Für Prima). Für Unterprima: Hume, Queen Elizabeth von Knörich (Velhagen & Klasing). Dickens, Sketches by Boz von Paetsch (Velhagen & Klasing B-Ausgabe — im Winter). Für Oberprima: Macaulay, Warren Hastings von Paetsch (Velhagen & Klasing B-Ausgabe). Shakspere, Coriolanus von Thiergen (Velhagen & Klasing B-Ausgabe — im Winter).

Stenographie. Rätzsch, Lehr- und Lesebuch. — Empfohlen: Stenograph. Unterhaltungsblatt und Echo.